I0441398

Insomnios

(Crónicas del Poder y otros Relatos)

Rodolfo Pereira

Se hallan reservados todos los derechos. Sin autorización escrita del editor, queda prohibida la reproducción total o parcial de esta obra por cualquier medio, mecánico, electrónico u otro, y su distribución mediante alquiler o préstamos públicos.

ISBN 1448642701
EAN-13 9781448642700

Insomnios
Crónicas del Poder y otros relatos

Primera Edición – 2010
Pereira, Rodolfo, 1953 –
Foto del autor: Kaveh Sardari
Arte y Diseño de Portada – Irene Pereyra

Titulo original en español
Insomnios: *Crónicas del Poder y Otros Relatos*
Tipografía: Ediciones Alta Mar
Copyright©2010—*Ediciones Alta Mar*
edicionesaltamar@live.com
Washington – Estados Unidos

*A mis padres, que todavía tienen bajo
tierra esa promesa que les hice
–y que no me dejaba respirar.*

*A Irene, Camilo y Micaela, mis hijos,
para que sigan cavando
hasta encontrarse.*

*Y a Silvia, por esas
interminables noches en vela.*

Por favor, alguien respóndame:
¿dónde, dónde está la patria?
Marcela Serrano

PRÓLOGO

La colección de artículos periodísticos de Rodolfo Pereira —que en algunos casos constituyen ensayos literarios— que se publica en esta obra es una ventana abierta hacia un mundo fascinante que pasó pero que continúa vigente gracias a que su autor ha sabido descubrir el nervio de lo permanente en el caleidoscopio de lo actual. En otras oportunidades, la crónica casi fotográfica nos permite compararla con la realidad actual y evaluar así a los vertiginosos cambios operados. Tal es el caso de Comas, esa inmensa barriada nacida de la nada y del admirable instinto de supervivencia del poblador empobrecido de la sierra peruana, transformada hoy en un polo económico importantísimo de la Lima contemporánea.

Rodolfo nos permite recordar lo que luego sabemos cómo evolucionó: la campaña presidencial de Bill Clinton, la dramática Guerra del Golfo de Bush padre, o la crónica de los eventos del 11 de septiembre, el romance de Woody Allen con la hija adoptiva de Mia Farrow, el divorcio de Donald Trump. Nos permite adentrarnos, gracias a una sensibilidad extraordinaria, en el tiempo de la niñez en la Cajamarca natal y sonreír ante los extremos ridículos a los que llegó Fujimori para "asombrar" a la comunidad internacional con su acuerdo de paz con Abimael Guzmán. Es un placer leer la crónica de la bruja Tessy, o de la vida en el filo de la navaja de la periodista colombiana. La agudeza de la descripción de tipos humanos —como los escritores de discursos o los comisarios de los regímenes comunistas— nos recuerda a la canción de Serrat "con esos tipos yo tengo algo personal."

El placer de la buena lectura, gracias a la percepción inteligente y sensible del autor, es algo que nos lleva a alentar a Rodolfo Pereira a que continúe observando esa realidad que en muchos casos se nos escapa al común de los mortales y que continúe deleitándonos con sus crónicas.

Luis F. Jiménez
Washington DC
Noviembre de 2009.

I. CRÓNICAS DEL VIVIR

UN ASALTO AL MELODRAMA

Mientras acariciaba el lomo negro de su gato siamés, Aguinaldo Silva, uno de los guionistas más importantes de la televisión brasileña, me confesó una tarde en Río de Janeiro el secreto creativo del episodio culminante de una telenovela suya, llamada "Roque Santeiro." Sus novelas anteriores habían sido fulminantes éxitos de sintonía y todos en Brasil -público y crítica- estaban absolutamente pendientes del desarrollo dramático de su última obra. En aquel momento, Aguinaldo estaba escribiendo el capítulo 80 de la serie, se estaba rodando mientras tanto el capítulo 60 en los estudios de Globo y los treinta millones de televidentes, al mismo tiempo, se mordían las uñas padeciendo las peripecias del capítulo 40.

Aguinaldo estaba agotado y se sentía aquella noche particularmente desprovisto de ideas nuevas para enrumbar su propuesta dramática. Hasta ese momento, el juego principal de la novela consistía -por supuesto- en un clásico triángulo amoroso: A estaba casada con B y era, al mismo tiempo, amante de C. Si B se enterara, por cualquier medio, que su esposa mantenía relaciones secretas con C, toda la novela se derrumbaba y una serie de incidentes minuciosamente planificados desde el primer capítulo tenían que modificarse obligatoriamente en base a esta nueva certidumbre. Por lo tanto, si el triángulo se rompía, la novela ingresaba a sus capítulos finales y eso era imposible, pues recién estaba escribiendo la mitad de la novela, inicialmente programada para ciento sesenta capítulos. Por lo demás, nuestro protagonista estaba en un verdadero aprieto, pues, como es sabido por algunos, muchas veces los escritores son víctimas de sus propias creaciones y quienes dictan el curso de la historia son los personajes mismos, son ellos quienes actúan y se desarrollan como seres autónomos, incluso en contra de la opinión de sus creadores.

En efecto, Aguinaldo se había visto obligado a terminar el capítulo 80 de la serie con una escena teóricamente imposible de resolver en el episodio subsiguiente: el señor B, quien hasta ese momento ignoraba por completo la desmesurada pasión que consumía a su esposa, ingresó un mediodía a su casa, caminó lentamente por el amplio salón de recibo y de pronto, desde el segundo piso, escuchó el jadeo de una voz desconocida mezclada en un laberinto de pasiones con ese otro timbre de voz que sí reconocía pero que B no quería admitir de ningún modo como perteneciente a la dulce voz que cada mañana lo despedía en la puerta de su casa cuando se dirigía a su trabajo. Evitando hacer ruido, B subió lentamente las escaleras, giró la manija y abrió la puerta de su dormitorio: primer plano de su rostro sorprendido y corte inmediato al demudado rostro de su esposa: fin del capítulo.

Cuando se vio obligado a escribir esa escena, Aguinaldo creyó que todo había acabado. Preocupado, no pudo dormir tranquilo esa noche, caminó una y otra vez alrededor de su cama tratando de encontrar una solución que evitase el choque directo de los tres personajes involucrados en el triángulo y no pudo encontrar ninguna señal en el peligroso pantano del insomnio que, ante la falta de ideas, por primera vez visitaba como víctima del peor de los castigos: no saber qué hacer con sus personajes. Horas más tarde se despertó padeciendo una terrible pesadilla. Pero al abrir los ojos, se dio cuenta que algo horrible le había ocurrido: no veía absolutamente nada y, a ciegas, recordó perfectamente que había dormido con la luz de la habitación encendida y, en medio de la oscuridad, temió haberse quedado irremediablemente ciego. Pero no: al dormir, su secretario le había apagado la luz y todo no era sino una prolongación de la pesadilla anterior. Al meditar sobre lo que le había ocurrido, de pronto tuvo una iluminación reveladora: por fin tenía los primeros minutos del siguiente capítulo.

Meses más tarde, cuando todo Río de Janeiro vio la escena final del capítulo 80, las apuestas empezaron a recorrer todos los ámbitos de la ciudad. Y como fue trasmitido un día sábado, los periódicos brasileños conjeturaron al día siguiente sobre el lamentable prematuro final de la novela. "No da para más," decían. "Al enterarse B de la desusada pasión de su esposa, en cinco días más veremos el final de la novela." Obviamente, el lunes siguiente, la novela tuvo una sintonía arrolladora. Según las agencias especializadas, cerca del 90 por ciento de los televisores encendidos a esa hora en Brasil estaban sintonizando la novela. Inclusive las cadenas competidoras interrumpieron su programación habitual con un anuncio que invitaba a los televidentes a sintonizar el programa tal... después de "Roque Santeiro." Las calles de Río de Janeiro estaban vacías, como si se tratase de la final de un campeonato mundial de fútbol o un mensaje en cadena nacional del señor presidente de la república anunciando una nueva moneda para combatir la inflación.

La solución que encontró Aguinaldo aquella noche fue la siguiente: efectivamente, B subió las escaleras, abrió la puerta y vio por un instante el asustado rostro de su esposa. Pero inmediatamente después, su voz se trasformó por completo. Clara, dijo, ¿eres tú? ¿Estás ahí? Con los brazos extendidos avanzó inseguro unos pasos más, tratando de encontrar un objeto del cual aferrarse: había quedado súbitamente ciego, atrapado por las tinieblas que le impedían ver lo que no deseaba ver. Su esposa avanzó sigilosamente desde la cama, se acercó con cuidado y comprobó que su marido no había visto absolutamente nada. Mientras tanto, en un rincón de la habitación, el amante evitaba respirar, preso de una profunda desesperación.

Por supuesto que al día siguiente los comentarios de toda índole ocuparon las primeras planas de los periódicos: ¿era posible la ceguera de B? Oftalmólogos brasileños fueron entrevistados y luego de un ardoroso debate público se llegó a un consenso: se trataba sin duda de una "ceguera histérica." Sumamente conmovido por las circunstancias, B "no había querido ver" la infidelidad de su esposa. Con esta nueva dimensión dramática, la novela se encontró de pronto con un personaje inesperado que fue, por ochenta capítulos más, la fuerza motriz de la historia. La ceguera real se convirtió en una parábola de la incapacidad del personaje para interpretar los inequívocos signos del amor desplazado por la rutina del vivir cotidiano: telenovela pura.

Esta anécdota creo que puede ejemplificar con toda claridad no solamente la relación entre el autor y su obra; también puede servir para ilustrar la profunda inserción popular de un género habitualmente despreciado por los supuestos entendidos en la materia. Conviene recordar que esta tumultuosa vinculación entre los códigos expresivos propios de la telenovela con un público vasto e indeterminado, ocurre no solamente en nuestros países latinoamericanos. Muchas veces se ha pensado - apresuradamente, creo- que nuestra cultura tiende naturalmente hacia el melodrama: es cierto que el bolero y el tango (o el vals, en otro sentido) moldean nuestra manera de sentir y pensar, diseñan ciertas pautas de conducta ilusoria y alimentan nuestro imaginario colectivo. Pero a todos ellos, defensores a ultranza de nuestro intransferible derecho al lagrimón, habría que recordarles lo ocurrido últimamente con la telenovela -porque de eso se trata, a pesar de trabajar con el formato de la miniserie estadounidense llamada

"¿Quién mató a Laura Palmer?" Fue dirigida por David Lynch ("El hombre elefante," "Blue Velvet") y propalada por una de las cadenas televisivas estadounidenses más importantes.

El día que anunciaron que se iba a trasmitir el capítulo final de la serie, millones de estadounidenses estaban absolutamente perplejos frente a sus televisores, con las manos lejos, muy lejos del control automático. Por supuesto que muchos de ellos prefirieron ir a sus bares favoritos para verlo en pantalla gigante mientras bebían una margarita y comentaban las múltiples posibilidades para desentrañar el misterio; claro que otros usaban computadoras personales para seguir con cibernética paciencia las ramificaciones imprevistas de la historia o, simplemente, algunos acordaron citar a toda la familia para comer un hot dog mientras se discutía ardorosamente la identidad del supuesto asesino (¿llegará a enterarse B que A la engaña con C?) y poder de ese modo compartir con los compañeros de trabajo, al día siguiente, la agradable sensación de descubrir la trama mucho antes que la secretaria del jefe. Y no era por influencia del bolero de cantina elegido en las rocolas sudamericanas a la hora del te acordás hermano. Todos los televidentes estadounidenses habían sido simplemente víctimas de un juego escrupulosamente diseñado y que consiste en utilizar con sentido dramático las reglas esenciales del género más antiguo de la literatura: el folletín por entregas.

En América Latina la telenovela empezó a popularizarse masivamente durante la década del sesenta. "El derecho de nacer" o "Simplemente María" se apropiaron del gusto popular de entonces y fueron verdaderos emblemas de las inmensas posibilidades de difusión simultánea que el género permite cuando las historias elegidas como temas tocan los resortes de la sensibilidad popular, sin importar si se vive en el

Caribe o en lo alto de los Andes. Lucrecia Santos, heroína de la telenovela brasileña "Isaura la esclava" comentó una vez que su popularidad mayor no era entre los brasileños sino entre los chinos: en China -es decir, por si lo hemos olvidado, una tercera parte de la población mundial-, "Isaura" había sido tan arrolladora como en todos los sitios donde se había exhibido.

Es cierto que la escuela mexicana difiere sustancialmente del aporte expresivo de la escuela brasileña. En las novelas hechas bajo el imperio de los códigos expresivos impuestos por Televisa, el televidente puede irse de viaje por un mes y al regresar encontrará que la trama sigue apenas un poquito más allá de donde la dejó. Una historia central se alimenta de intrigas sucesivas que van transformando imperceptiblemente a los protagonistas principales. Todo el mundo gira alrededor de ellos. Son el centro del universo, los Bush y Gorbachov del vivir cotidiano. Las brasileñas, en cambio, intentan ser un reflejo indirecto de la realidad social y, para ello, apelan a una serie de historias que se cuentan simultáneamente y que se alimentan de dramaticidad conforme se tocan entre sí o se separan irremediablemente. Mientras el interés dramático de una de las líneas narrativas se debilita, otra crece desmesuradamente hasta ocupar el lugar central de la pantalla. No hay un solo personaje. Hay más bien una sucesión de situaciones que envuelven a los protagonistas.

Algunos brasileños comprometidos con la producción televisiva, me explicaron en alguna ocasión que tal distinción expresiva es fruto de la dictadura militar. Incapaces de filtrar discursos críticos en los medios de comunicación tradicional, algunos intelectuales decidieron tomar por asalto el inofensivo territorio de los sueños destinados a las amas de casa y desde allí construyeron con paciencia su oculto derecho a la rebeldía. Hoy, veinte años después de las primeras escaramuzas, pueden decir con orgullo que sus novelas son un juego de espejos donde el que se mira es a su vez mirado por alguien que se identifica no con el rostro reflejado, sino con la sucesión infinita de seres que siempre se parecen en algo a uno mismo. Por lo demás, las telenovelas siempre fueron en Brasil el lugar donde se reproducía ilusoriamente la realidad cotidiana de todos los sectores sociales. Los personajes padecen, en el curso de la historia, los mismos sueños colectivos, aman y odian, son magnánimos y a veces rencorosos, tienen opiniones políticas y son, por sobre todo, amantes del carnaval y el fútbol. La teleaudiencia se descubre entonces como pueblo y también como individuo. En una ocasión, por ejemplo, la protagonista de otra telenovela estaba involucrada en un tormentoso amor con un senador de la república. Aprovechando esta circunstancia, los libretistas desmenuzaron el comportamiento ético, digamos, de la clase política brasileña en su conjunto. Y cuando los realizadores de la novela regresaron un día al parlamento de la república para continuar grabando los capítulos sucesivos, encontraron en las puertas del congreso un letrero que decía "Prohibido filmar telenovelas." Las fronteras de la realidad con la fantasía quedaron desde entonces abolidas para siempre.

Gabriel García Márquez declaró hace un tiempo que prefería escribir telenovelas porque con ellas se llegaba simultáneamente al corazón del melodrama y a millones de seres desconocidos. Pero quienes deben tomar por asalto el todavía inexpugnable paraíso terrenal de las pasiones cotidianas de nuestros pueblos son, en primer lugar, los cineastas congregados bajo las banderas del nuevo cine latinoamericano. A excepción de Jorge Alí Triana ("Tiempo de Morir") y Francisco Lombardi ("La ciudad y los perros," "En la boca del lobo"), o de Arturo Ripstein (Principio y Fin), son muy pocos quienes se han atrevido a invadir las fronteras expresivas del melodrama telenovelesco con el propósito de renovarlo desde sus cimientos. El objetivo militar de estos guerrilleros del sentido común debe ser apropiarse de los códigos dramáticos del género para imponer, desde adentro, una nueva concepción sobre la vida y sobre los sueños felices y atormentados que alimentan nuestras fantasías cotidianas y sin los cuales, francamente, no se puede vivir.

Tal vez el único temor sea enfrentarse a la crítica tradicional que todavía juzga al cine como el único lenguaje capaz de interpretar las múltiples dimensiones de la realidad. Confrontado con esta ansiedad, nuestro amigo Aguinaldo Silva decidió tomar al toro por las astas. Cuando trabaja, después que escribe la escena de algún capítulo, deja sobre su mesa de trabajo las veinte o treinta páginas del manuscrito y sale a pasear un rato por las playas de Copacabana. Al regresar, si no encuentra a su gato negro siamés durmiendo encima del manuscrito, tiene que volver a empezar de nuevo desde cero. Y los televidentes se lo agradecen. Infinitamente. A él y al gato.

MÉXICO EN LA MEMORIA

¿Cuándo fue la primera vez que escuché la palabra México? Para responder a esta pregunta, muchos latinoamericanos tendríamos que remontarnos hasta nuestra infancia para escarbar en nuestros propios recuerdos y llegar, después de padecer más de cien años de soledad recostados en la butaca del sicoanalista, al momento exacto en que esa palabra —México— ingresó definitivamente a nuestro vocabulario cotidiano y se convirtió desde entonces en el emblema de sueños y desmesuradas pasiones, en el territorio donde conviven las realidades más insólitas de nuestro continente, como si la sorpresa cotidiana fuera parte natural de ese paisaje castigado por la belleza del mestizaje más profundo del continente. Y si quisiéramos rastrear el proceso mediante el cual esa palabra se fue llenando de sentido, cuando el puro y simple sonido -México- poco a poco se fue dotando de rostros, imágenes, volúmenes y textos -o todo eso junto y mucho más-, bastaría tal vez volver a escuchar una ranchera de José Alfredo Jiménez, *llorar en un rayito de luna* con un bolero cantinero de Los Panchos o revisar, por enésima vez, las viejas películas de Churubusco Azteca.

México fue siempre para nosotros una patria tan posible como encontrarse una mañana soleada en pleno D.F. con el mismísimo Carlos Fuentes y decirle simplemente cómo le va, maestro, cómo le va. Usted también es de los nuestros.

En el caso particular de los mexicanos "por adopción" —como millones de latinoamericanos que hemos crecido al amparo de los inolvidables versos de Agustín Lara, los murales de Orozco o la incontenible pasión de nuestra santa Frida Khalo—, muchos hemos conquistado pacientemente nuestro derecho a compartir el perpetuo asombro que fluye ininterrumpidamente de la cultura popular mexicana. Y algunos nos consideramos, más allá de los encuentros felices o infelices, tan mexicanos como Superbarrios o el detective privado Héctor Belascoarán Shayne, héroe y protagonista de las novelas policiales de Paco Ignacio Taibo II.

¿Cuándo fue la primera vez que escuché la palabra México? Tal vez fue aquella noche friolenta de mayo cuando mi padre me llevó a ver una película al aire libre, allá en Cajamarca, Perú, pueblo donde siempre hemos usado hasta el cansancio -y como si fueran nuestras- palabras como "cuate" o "carnal" y en donde impusimos una banda juvenil que se llamaba "Los calaveras," nombre elegido democráticamente por todos sus integrantes después de ver una vieja película en blanco y negro dirigida por el viejo Buñuel y en la cual se rendía tributo en el día de los muertos a las felices calaveras que están más allá de la vida y de cualquier imaginación posible.

Sí, fue aquella noche cuando todo el pueblo estaba congregado frente a los muros blancos del convento San Francisco y mientras todos los espectadores estábamos cautivados por esas imágenes profanas que se adherían como musgos rebeldes a las paredes sacrosantas detrás de las cuales nuestros confesores vespertinos vivían lejos del embrujo incomparable de la María Félix bailando apretadita como una *Diosa Arrodillada* un bolero con su galán de turno, fue aquella noche, digo, que oí a un vecino decir que todas esas cosas -la María Félix, los duelos de pistolas y el incomparable olor de los tacos frescos, aroma que muchos nos lo imaginábamos salvaje y penetrante-, "eran cosas de mexicanos."

Por entonces México no era para nosotros sinónimo de extranjero, ni siquiera de país lejano. ¿Cómo podría serlo cuando diariamente nuestras pantallas se llenaban con las explosivas imágenes de la revolución mexicana, lo que originaba encendidas discusiones entre zapatistas y villistas, como si esos héroes fueran los nuestros, como si los muertos de aquella hermosísima contienda de corridos y pasiones fueran aquellos a quienes íbamos a visitar al cementerio cada primero de noviembre?

Cajamarca -pueblo recostado en los altos de la cordillera andina del Perú- siempre mantuvo relaciones diplomáticas directas con ese lejano país que nos enviaba diariamente las fórmulas más disímiles de entretenimiento y cultura. Canciones, leyendas, mitos y costumbres mexicanas se fueron apropiando poco a poco de nuestra manera de ser y de sentir las cosas y con los años, ese aporte cautivante, llegado de tan lejos, paulatinamente se fue transformando en algo nuestro cuando se mezclaba como un ingrediente más en la gigantesca cocina de nuestro propio mestizaje cultural que admitía desde Tin Tan hasta la Virgen de Guadalupe al lado de nuestro peruanísimo San Martín de Porras. ¿Quién no lloró la noche en que nos enteramos de la trágica muerte de Javier Solís, quién no volvió a escuchar una y otra vez *sombras nada más, entre tu vida y la mía*? ¿Quién, a la edad en que se desatan los amores descarriados y poco correspondidos no ofreció serenatas a la luz de la luna diciendo *farolito que alumbras apenas mis calles desiertas* hasta que las luces de la ventana de la amada se encendían y se silueteaba en contraluz la muchacha aquella que nos hacía cantar despacito *por tu amor, que tanto quiero y tanto extraño*, para que no se despierten los padres o el vecindario nos eche a la policía? ¿Quién no era mexicano por entonces?

México también tuvo entre nosotros sus propios embajadores. Uno de ellos era un famoso médico cirujano cajamarquino que había estudiado en Ciudad de México y que mantenía las costumbres mexicanas intactas, desde la preparación de sus inolvidables enchiladas caseras –hechas luego por su mamá– hasta cantar literalmente bañado en lágrimas *no puedo ser feliz, no te puedo olvidar*, mientras sus manos recorrían con torpeza alcohólica las teclas del único piano disponible de entonces: cállense carajo, que el doctor está recordando, nos decían sus amigos. En medio de una atmósfera casi irreal, el aroma de esos popularísimos cigarrillos *Alas Azules* –que algunos colegas suyos le enviaban por correo desde México–, nos reconciliaba con la noción de memoria salvaje que suscitaba ese pobre médico enloquecido por el recuerdo de unas calles desiertas en León Guanajuato, un trago de tequila o, simplemente, por una extraviada manera de vivir. Hablaba de México todo el día y era considerado toda una autoridad, un embajador plenipotenciario, la última palabra sobre esa patria casi nuestra. Cuando surgía alguna disputa de interpretación sobre alguna película –si ese barrio filmado quedaba en ciudad de México o en Puebla–, el doctorcito era consultado y su palabra resolvía el litigio para siempre.

El otro embajador que conocimos nos visitó sólo por tres días. Cuando llegó Manuel Capetillo invitado a torear en la feria taurina del pueblo se agotaron las entradas. Y como su avión quedó varado en el lodazal del aeropuerto por culpa de las lluvias, la gente aprovechó para entregarle una petición colectiva dirigida a nuestro presidente y le preguntaban en medio de la calle por qué había sido tan malo con Rosita Quintana al dejarla en aquella película llorando tan sola frente al cementerio. Y después que el torero-actor se alejó de nosotros para siempre, hubo quienes pensaban que Pedro Armendáriz podría llegar en cualquier momento, o que mejor sería invitar a doña Sara García a la inauguración del busto a nuestro prócer, porque así como don Manuel vivió con nosotros tres días consecutivos de parranda, extraviado él mismo en un rol imaginario que jamás pensó desempeñar, nosotros, ese pueblo de fantasmas y hechiceros, en cualquier momento podríamos llegar con nuestros equipajes culturales y desembarcar con toda comodidad en pleno zócalo de la revolución, sumándonos al rito diario de las antiguas danzas aztecas, extraviados entre tanta mirada confusa de turistas desprevenidos.

Durante las fiestas del carnaval cajamarquino –un evento donde decenas de miles de personas se disfrazan y se enmascaran y salen a las calles una vez al año para celebrar por más de quince días consecutivos las fiestas más populares del norte peruano–, irrumpen en nuestros barrios, corporizados de una vez por todas, aquellos seres que siempre han estado con nosotros: Cantinflas se descuelga de nuestras pantallas y vuelve a aparecerse entre nosotros bailando al lado de decenas de mariachis o charros que mezclan sus guitarras y trompetas con nuestros pututos y clarines, instrumentos andinos que viven con nosotros desde tiempos inmemoriales. Esa es la ocasión propicia para releer las viejas colecciones de chistes (cómics, en la boca de otros) buscando inspiración para nuestros disfraces: allí están *Santo, el Enmascarado de Plata*, junto a *Viruta y Capulina*, *Hermelinda Linda* con sus pócimas de embrujo y hasta *Clavillazo* rasga con maestría las cuerdas de una guitarra andina: son nuestros, nunca fueron "cosa de mexicanos."

Con el correr de los años todos esos símbolos vivientes fueron encontrando su lugar de reposo natural en nuestros hábitos y costumbres cotidianas. Y fuimos sumando, con la misma ternura de siempre, los poemas de Paz a las calaveras de Posadas; los trazos de José Luis Cuevas a las imágenes de Paul Leduc; el atormentado recuerdo de Marga López y Arturo de Córdova en *Dios se lo pague* a la salvaje belleza de Ofelia Medina amando hasta el infinito a Diego Rivera; Rius al *Unomásuno* y *Proceso* o *la Jornada* a los primeros versos de José Emilio Pacheco; el viento que barre Comala al Rulfo eterno de *Nos han Dado la Tierra*, como nos dieron, los mexicanos, esta gozosa celebración de ser mexicano, aun en tierra ajena. Porque en América Latina –o al menos en mi pueblo– todos hemos sido, alguna vez en nuestras vidas, aunque sea por veinticuatro horas o un instante, "mexicanos hasta las cachas."

Órale, mi cuate.

UNA BRUJA EN NUEVA YORK

Poco antes que se desatara el conflicto bélico en el Medio Oriente, Tessy Bermúdez barajó un día los naipes distraídamente en casa de un amigo árabe y la primera carta que salió fue la del desastre, aquella horrenda figura que muchos asocian también con el Apocalipsis. Se trataba de la carta número 16 del Tarot, la carta de la Torre, una edificación rodeada por oscuros nubarrones y un tétrico paisaje de sombras y aires malignos. Es una torre en llamas, de la cual cientos de personas se arrojan sin conciencia hacia el vacío, con una expresión de espanto en el rostro. "No creo que seas tú," le dijo Tessy, calmando a su asustado interlocutor. "Parece que es tu casa. O a lo mejor tu país, no sé."

Días más tarde Hirsham Bigam abrió de par en par las páginas del *The New York Times* y allí encontró por fin la clave secreta que portaba el Tarot, cuando la nieve no era todavía esa alfombra blanca que lo cubría todo con el silencio y la calma: en efecto, no era él, era el Medio Oriente, la región entera la que estaba amenazada.

Vaticinios de otros tiempos

Y dos años atrás, Eduardo Galeano, un conocido escritor uruguayo, empezaba su discurso de agradecimiento al recibir el premio "José Carrasco Tapia," diciendo que, "A fines de setiembre, en el Perú, una maga me leyó la suerte: 'Dentro de un mes recibirás una distinción'. Yo me reí. Me reí por la palabra distinción… y me reí de la profecía de la maga; y ella se rió de mi risa. Un mes después, exactamente un mes después, recibí en Montevideo un telegrama. En Chile, decía el telegrama, me habían otorgado una 'distinción' (así decía el telegrama: 'distinción', como la maga)."

Desde entonces Galeano mantiene una correspondencia regular con Tessy y suele consultarla de vez en cuando sobre su futuro.

En otra ocasión, Tessy se encontraba participando en un encuentro internacional de mujeres en Managua, Nicaragua. Y mientras descansaba en su hotel, recibió una inesperada llamada. Tomás Borge, por entonces ministro del interior del régimen sandinista, la invitaba esa noche a Palacio, probablemente seducido por los insistentes rumores que día a día estremecían los salones habituales de la *intelligentzia* revolucionaria nica: ha llegado del Perú una maga que lo adivina todo.

Sentada frente a él, Tessy, una mujer apacible capaz de suscitar confianza inmediata en cualquier interlocutor, desplegó sus cartas y, creyendo haberse equivocado, o temiendo que esa noche los oscuros dioses del arcano estuviesen de juerga, con mucha timidez le dijo a Borge que se avecinaba un desastre social y que era inminente un estado de catástrofe.

Probablemente el curtido comandante sandinista aquella noche pensó que se trataba, ojalá Dios no lo quiera, de la tan temida invasión militar estadounidense o, tal vez, de un ataque masivo de la contra. No sabemos si aquella noche dispuso un estado de alerta general a las tropas sandinistas, pero al día siguiente descubrió que el pronóstico de la bruja había anticipado la llegada de uno de los huracanes más severos que haya azotado jamás el territorio nicaragüense y que no fue detectado a tiempo por ningún centro internacional de prevención de desastres: la costa atlántica, en la zona de Bluefields, fue inmediatamente declarada zona de desastre.

Cuentan también quienes la conocen que Mario Vargas Llosa se acuerda de ella cada vez que le mencionan la palabra bruja. Y que el conocido novelista peruano todavía no puede explicarse cómo, cuando todavía estaba en la cúspide de su carrera política, sin ningún nubarrón visible en su tranquilo horizonte hacia el puesto presidencial, en el diario "La República" de Lima, Tessy declaraba enigmáticamente que el triunfal –hasta ese momento– candidato, iba a retirarse de la política, que luego regresaba a la escena principal de la contienda electoral y que más tarde sería derrotado por alguien "que no aparece todavía en las cartas." Tessy también revelaba que la mujer de Vargas Llosa era quien tomaba "las principales decisiones."

Los partidarios del novelista tuvieron que esperar pocas semanas para entender lo que Tessy había querido decir. Pero ya era demasiado tarde para proponer hechizos o conjuros: las cartas ya estabas echadas.

Ritos de iniciación

Pero en estos días –lejos ya de todos estos incidentes– Tessy Bermúdez ha decidido trasladarse a New York porque aquí recibirá en unas cuantas semanas más una importante iniciación que la integrará a una de las sociedades de brujas más respetadas del mundo, la secreta Sociedad de los Templarios, la *Ordo Templi Orientis*, con sede en esta ciudad.

En Lima, donde residía hasta hace algunas semanas, Tessy era, digamos, la bruja más famosa de la comarca. Por su casa desfilaban diariamente decenas de personas de toda condición social, política o religiosa. Todos iban al encuentro con su destino, tratando de encontrar una luz en sus vidas mediante el juego de naipes hábilmente manejados por Tessy. Y en los últimos años fue tal la fama de esta bruja que tuvo que abandonar su puesto de bibliotecaria para dedicarse a su nueva actividad: maga a tiempo completo. Todas las semanas los periodistas la asediaban con entrevistas y su rostro era familiar a los televidentes peruanos. Ella predijo públicamente, por ejemplo, el triunfo de Fujimori, cuando el actual presidente del Perú era todavía un desconocido y anónimo ingeniero agrónomo dedicado de lleno a la investigación o a la administración de su fundo costeño. "Será un total desconocido," había dicho. Y no se equivocó, pues por entonces nadie apostaba ni un centavo –de los peruanos– por el ingeniero Fujimori.

Cuando Tessy baraja las cartas, sus asombrados clientes siguen el movimiento tranquilo de aquellas manos seguras, tratando de encontrar algún indicio que les permita descifrar el antiguo secreto de los naipes: revelar el pasado y anticipar el porvenir, iluminar el destino de los amores perdidos y las pasiones extraviadas, saber con exactitud los pasos que uno fue dando, lo que uno ha sido y lo que será.

Las cartas del Tarot

Pero cuando las cartas del Tarot se extienden sobre la mesa, Tessy impone su propio ritual, al cual todos sus clientes se someten. Luego de barajar el naipe algunas veces   –mientras habla distraídamente sobre el clima o sus últimos hallazgos de libros con títulos provocadores y extraños inesperadamente tirados en las calles neoyorquinas–, lo primero que hace es elegir una carta al azar que representa a la persona interesada en averiguar sobre su vida.

"Ahora saca nueve cartas," le dice Tessy. Las manos de su cliente en ese momento recorren la baraja extendida y una y otra vez van eligiendo sus cartas personales, con las cuales Tessy más tarde organiza una estructura simbólica en forma de cruz. Esa primera disposición de las cartas se llama la "Cruz de San Andrés." Una de ellas representa, por ejemplo, el entorno del individuo, otras la casa, la gente que lo rodea, lo que más teme y aquello que le sucederá de todas maneras. Y así sucesivamente. Una por una Tessy las va leyendo hasta descifrar el sentido oculto de las cosas, los grandes secretos de la vida y de la muerte.

El segundo momento está constituido por las cartas que conforman el "Círculo del Zodíaco." Nuevamente aquella carta que representa al individuo es puesta sobre la mesa, rodeada por otras doce que representan individualmente a todos los signos del Zodíaco.

En esta secuencia de la lectura, Tauro, por ejemplo, representa las posesiones del individuo, sus propiedades, aquello que le pertenece, que es suyo; Géminis, en cambio, indica la conducta del individuo y revela cómo se lleva con los demás, si es huraño o bondadoso, ángel o demonio; Cáncer, además, señala y delimita el entorno familiar del individuo, las enfermedades que le afectan o las que padecerá, así como las preocupaciones que rondan por su cabeza en el momento de la lectura.

Al final, cuando Tessy concluye la lectura de todas las cartas del Zodíaco, es muy probable que para entonces los ojos abiertos de sus clientes indiquen la conmoción que han provocado las revelaciones puntuales sobre ese pasado desconocido –"fuiste nómada en tu vida anterior"– o las dramáticas profecías del futuro pluscuamperfecto: "alguien que no conoces tocará tu puerta y te traerá noticias de un pariente lejano," "en pocos días firmarás un contrato del cual te arrepentirás toda tu vida," etc, etc.

En el tercer momento del mágico ritual, el cliente es invitado a sacar cinco cartas adicionales, con las cuales formula aquellas preguntas específicas que lo inquietan sobremanera y por las cuales, precisamente, acudió a la mesa de la maga en busca de respuestas.

Y Tessy no escatima palabra alguna para "leer" aquello que muy pocos ojos pueden entender con claridad: "La primera vez que leí las cartas –nos dice– fue a la edad de doce años. Quien me enseñó fue la madre de mi mejor amiga y me aprendí de memoria los setenta símbolos del Tarot.

Entre amuletos y profecías

Desde entonces, casi como jugando, Tessy fue acumulando a lo largo de su vida distintos amuletos que la protegían contra todo hechizo contrario. De su cuello pende ahora una diamela seca de Nazca, aquella antigua cultura precolombina peruana (que aún asombra al mundo entero con las monumentales e indescifrables líneas de Nazca, gigantescos trazos que se extienden por kilómetros enteros formando perfectas figuras geométricas). Del Brasil tiene también una mano diminuta y se mandó a fundir una estrella de acero de cinco puntas, además de un trébol de cuatro hojas elaborado en metal. Pero también tiene un poderoso talismán que, según Tessy, le confiere la fuerza magnética para administrar con sabiduría los ocultos poderes que la agobian "porque uno no elige ser bruja." Se trata de la *Illa*, un artefacto ritual del antiguo Perú, tallado en piedra, que siempre lo lleva consigo, no importa cuán lejos la lleve el destino.

Hoy, mientras su figura se confunde con los anónimos peatones que circulan por las estaciones del tren subterráneo, Tessy camina entre profecías cumplidas y por venir, entre asombros y hechizos. Y si usted, hipócrita lector, como decía Baudelaire, se atreviera –como yo un día– a indagar por su destino, lo único que tiene que hacer es levantar un teléfono y marcar el número de la bruja y escuchará, sorprendido, que una voz grabada le recuerda que aún tiene tiempo para sorprenderse por las maravillosas aventuras que la magia le depara. Y si al final los pronósticos se cumplen con puntualidad inglesa, no se asuste: se trata del destino disfrazado de palabras y palabras.

Y no hay nada más bello que la palabra hecha vaticinio.

LA GUERRA DE LOS TRAPOS SUCIOS

A esas horas de la tarde, muy pocas personas desafiaban el viento frío que lamía sin cesar los arbustos entumecidos y las aguas congeladas del lago. La nieve cubría levemente la superficie del Central Park de Manhattan y de vez en cuando, allá a lo lejos, algunos tímidos neoyorquinos se atrevían a sacar a pasear a sus perros y otros, enfundados en gruesos abrigos, simplemente caminaban bajo la tenue nevada como si extrañasen el color de las buganvillas en la primavera o el olor de los jazmines estallando en los mercados. Miles de historias hay en la ciudad de Nueva York, seguía cantando en los barrios latinos Rubén Blades. Pero aquella tarde de invierno, otra historia más de amores amoratados empezaba a nacer en medio de los altos edificios de la isla, aquellos que se levantan al centro de la ciudad, en los perímetros del parque: una historia de rencores aplazados y de fidelidades traicionadas, de iras y acusaciones mutuas.

El 13 de enero, después de pasear por el Central Park con dos de sus hijos adoptivos, la actriz Mia Farrow tuvo un repentino ataque de melancolía y decidió ir de visita al departamento de su amante y pareja formal, el cineasta Woody Allen. Nunca convivieron bajo un mismo techo, es cierto, pero ambos se visitaban con frecuencia, practicando fervorosamente los roles de pareja modelo, la favorita de los intelectuales neoyorquinos. Sus lujosos apartamentos quedaban uno en frente del otro, separados tan sólo por la inmensidad del parque, aunque también –como luego se comprobaría– ambos vivían aislados uno del otro no por miedo a la convivencia, sino tal vez por temor al contagio de los amores simples y silvestres.

Mía dejó primero a sus hijos adoptivos en su apartamento y luego se dirigió al de su amante. Saludó al portero con la misma amabilidad de siempre y una vez que entró en la casa, la encontró más vacía que nunca: Woody estaba fuera y ni siquiera su ausencia pudo interpretarla como el presagio definitivo que anunciaba la llegada intempestiva del amor envenenado, la súbita presencia de aquella malsana pasión por lo prohibido.

En el dormitorio de su amante y padre natural de uno de sus hijos, Mia quiso matar al tiempo mirando aquellas viejas fotografías donde ambos, en compañía de sus once hijos, entre naturales y adoptivos, sonreían a la vida y trataban de alejarse de ese estigma de celebridad pública que los acompañaba cada vez que salían juntos a las calles neoyorquinas, con la intención de disfrutar a escondidas el discreto encanto de los placeres familiares. Allí estaban todos ellos saliendo de un circo moscovita, montando caballos en los campos de Connecticut, o comiendo helados en las playas de Long Island. Pero conforme iba abriendo cajones y descubriendo en las amarillentas y descoloridas fotos retazos de su vida – esas ráfagas de felicidad que conformaban su firmamento afectivo–, Mia creyó que el tiempo de la melancolía había terminado, al menos por ese día. Guardó todas las fotos en sus respectivos cajones, pero de pronto una de ellas cayó a sus pies: la levantó y vio a su hija Sun-Yi Ling, de 19 años, posando desnuda para alguien. Muy poco tardó en descubrir que el furtivo fotógrafo era su pareja y amante, Woody Allen, con quien había estado conviviendo los últimos doce años de su vida.

Esa misma noche decidió romper para siempre su relación sentimental con el director de sus trece últimas películas, aunque dejó abierta una dolorosa puerta, puesto que siguió trabajando como actriz en la última película de Allen, *Maridos y Esposas*, prevista para estrenarse a mediados de setiembre. "Jamás la vi tan demacrada," confesó después la persona encargada de maquillarla, cuando sin ton ni son la actriz comenzó a llorar minutos antes del rodaje de una escena. María Roach, una amiga de la actriz, también ha difundido una carta que Mia le escribió en medio de aquellos días sombríos: "He gastado más de doce años de mi vida conviviendo con un hombre que podría destruirme y corromper a mi hija, conduciéndola hacia la traición a su madre y sus principios, dejándola en la bancarrota moral, con los vínculos entre nosotros totalmente demolidos. No puedo imaginar un modo más cruel de perder a una hija o a un amante."

Estalla el escándalo

Algunos medios de prensa sostienen que a partir de ese trágico descubrimiento, Mia Farrow decidió mantener su relación con Woody Allen por razones estrictamente profesionales. Si bien la ruptura fue definitiva a partir del hallazgo de las fotos de su hija en el apartamento de su amante, la actriz se encerró a partir de ese momento en una dolorosa reconstrucción de sus propias raíces sentimentales, tratando de eludir las horribles cicatrices que produce toda separación en el seno de cualquier familia. Más aún si su esposo –o amante– está involucrado en una relación afectiva con su propia hija. Y algunos medios especulan incluso que Mia decidió permitir el mantenimiento de esa relación clandestina entre su amante y su hija para evitar sacrificar su propia carrera de actriz. Por último, hay quienes dicen que no tiene derecho a escandalizarse porque ella misma, cuando tenía 21 años, se enamoró de Frank Sinatra, quien por entonces tenía 50.

Lo cierto es que, meses después del incidente de las fotos, mientras la familia Farrow se encontraba en Connecticut, pasando un fin de semana en la finca de los padres de Mia, Allen se presentó intempestivamente de visita y compartió con los chicos los encantos campestres del verano. Pero poco después que se marchara rumbo a la ciudad, Mia decidió grabar una conversación con una de sus hijas adoptivas, Dylan, en la cual la niña de siete años le revelaba que Woody, su padre, la había molestado sexualmente en varias ocasiones. Inmediatamente después la actriz se dirigió al consultorio de su pediatra, el médico Vadakkedara Kavirajan, y le pidió que examinara a su hija. Por ley, el médico se vio obligado entonces a dar parte a la policía federal de Connecticut. Y una vez abierta la investigación, se citó a Woody Allen a testificar. Siete días más tarde el director solicitaba en una corte de Manhattan la custodia de tres de sus hijos: Dylan, Moses (de 14 años) y su único hijo biológico con Mia, Satchel, de cuatro años.

Al día siguiente toda la prensa neoyorquina salía con la noticia en primera plana: la guerra de los Allen había comenzado. La Convención Republicana quedó sepultada en las páginas interiores y la misma campaña electoral estadounidense, una de las más feroces de cuantas se tenga memoria, fue relegada a un segundo plano informativo. Y hasta el propio huracán Andrés, el más despiadado y destructivo del siglo XX, tuvo que contentarse con un tratamiento de tormenta tropical, como si su furia demoledora no fuera suficiente para alejar de los grandes titulares al tema favorito de los neoyorquinos: ¿quién dice la verdad, quién dice la mentira?

El guión del director

Algunos críticos de cine han comenzado a descubrir ciertas alusiones a las adolescentes como objetos de atracción erótica en los filmes de Allen. En su película *Manhattan*, el tema central de la obra gira alrededor de la pasión que siente un viejo guionista de televisión –interpretado por él mismo– hacia una adolescente, encarnada en la pantalla por Mariel Hemingway. Y en otra escena de una película posterior,

Love and Death, un filósofo les señala a Diane Keaton y a Woody Allen que el secreto de la felicidad eterna lo constituyen las niñas adolescentes. En *Ana y sus Hermanas*, un idilio pasional entre dos cuñados domina la pantalla. Y en la película, *Maridos y Esposas*, Allen representa a un viejo catedrático universitario perdidamente enamorado de su alumna, una quinceañera representada en la pantalla por Juliette Lewis. Y como muchos hoy en día especulan, Woody Allen está pareciéndose cada vez más a sus propios personajes, todos ellos envueltos en dilemas éticos y morales sobre las relaciones de pareja.

Después que el director de cine envió un comunicado de prensa a todos los medios neoyorquinos para señalar que estaba verdaderamente enamorado de Sun-Yi, la hija de su ex-amante, el escándalo de las confesiones grabadas por Mia Farrow y las versiones confirmadas por la propia policía de que se encontraba bajo investigación, lo obligaron a convocar a una apresurada conferencia de prensa.

Más de cien reporteros y fotógrafos vimos subir al podio de la sala de reuniones del hotel Plaza a un pálido y desencajado Woody Allen. En medio del salón Terraza, antes de cambiar sus lentes habituales por otros de lectura, Allen miró apenas hacia el auditorio e inmediatamente después decenas de flashes le estallaron en el rostro, obligándolo nuevamente a refugiarse en las dos cuartillas que había preparado a modo de declaración personal. "Lo que ha ocurrido -dijo- es una manipulación desmedida y horrible de niños inocentes con motivos de venganza y de provecho propio." Agregó que, como todo padre, se sentía con la obligación de sacar a sus hijos "de una atmósfera tan insalubre que seguramente podría dejarles cicatrices indelebles" y que durante meses había esperado que, a pesar de los conflictos y las iras naturales de toda separación, "pudiera lograr un compromiso que fuera lo mejor para los niños." Y con ritmo pausado pero con un extraño tono sombrío en la voz, admitió que "de lo único que soy culpable es de haberme enamorado de la hija adulta de la señorita Farrow al final de nuestros propios años juntos y, tan doloroso como pueda ser, yo –y ciertamente los niños– no merecemos esta forma de castigo."

Después se guardó las páginas en el bolsillo de la camisa y salió del salón sin aceptar ninguna pregunta de la prensa. Esa misma noche, sus declaraciones salieron en la televisión y su nombre era citado por los oradores de la Convención Republicana, quienes criticaban al candidato demócrata, Bill Clinton, de tener los mismos valores familiares que el cineasta en desgracia. Esos días ni siquiera la abuela Barbara Bush intentó defenderlo. Pero durante toda esa semana las cadenas de ventas de películas en video reportaron que todas las cintas de Woody Allen se habían agotado y que para alquilar una película había que esperar por lo menos tres semanas. Y *Manhattan*, el filme favorito de Allen, empezó a ofrecerse en el mercado negro como si fuese *La noche de Calígula y sus Esclavas*.

La Corte de los Suplicios

Otra muchedumbre de periodistas y curiosos aguardó la llegada de las dos celebridades a la audiencia pública convocada por la jueza Phyllis Gangel Jacob, la misma que saltara a la celebridad nacional al encabezar el proceso judicial que culminó con el divorcio de Donald e Ivana Trump. Mia Farrow y Woody Allen llegaron en limusinas separadas y entraron al recinto judicial protegidos por severos guardaespaldas que trataron de impedir el acoso de la prensa. Horas antes, la misma jueza presidió una audiencia pública donde ocurrieron las primeras escaramuzas del juicio que alimentará sin duda la insaciable vocación por el escándalo que padecen ciertos medios noticiosos neoyorquinos. Una de las abogadas de Farrow, Eleanor Alter, intentó una ofensiva fulminante: mostró las fotos de Sun-Yi, desnuda, y trató de considerarlas como pruebas contundentes contra el director. La juez ni siquiera las miró y rechazó mantenerlas en su escritorio como pruebas, aduciendo que no tenían nada que ver con el caso que estaba juzgándose; es decir, la custodia de los hijos.

Pero horas más tarde Woody Allen y Mia Farrow, después de haberse declarado mutuamente la guerra, por primera vez se veían las caras en el despacho de la jueza. Ambos fueron obligados por Gangel a mantener silencio y se comprometieron a no proporcionar ninguna declaración a la prensa sobre el enfrentamiento que mantienen por la custodia de sus hijos. La jueza también prohibió a la Farrow que intente sacar a sus hijos fuera del país y propuso a ambas partes acordar un régimen temporal de visitas, mientras dure el proceso judicial.

"Es apenas una tregua entre dos amantes despechados," comentó al salir un viejo cronista de temas judiciales. "Las verdaderas fieras andan sueltas," añadió, señalando a los abogados de ambas partes. El equipo legal contratado por la Farrow está encabezado por Alan Dershowitz, profesor universitario de Derecho de la Universidad de Nueva York y quien tiene también a su cargo la apelación de Myke Tyson; Allen, ha contratado en cambio a Harvey Sladkus y Martin Obten, dos connotados abogados que son señalados por la prensa como los expertos más calificados de la ciudad de Nueva York en casos de separaciones matrimoniales.

Los dos equipos tienen entonces en sus filas a verdaderos tanques pesados que harán la guerra apretando sin ninguna vacilación el botón rojo, sin importarles producir un holocausto sentimental en quienes hasta ayer fueron la pareja predilecta de todos aquellos que creyeron que Woody Allen y Mia Farrow eran tan reales como los personajes que encarnaban en las pantallas: seres atrapados por las dudas y las angustias existenciales del vivir contemporáneo, pero no por las bajas pasiones de los amores de arrabal y los pleitos de comadres. Y menos con triángulos semi-incestuosos donde hay siempre tanto desgarramiento, tanta culpa acumulada. Y tanta prensa dispuesta a difundirlo.

Hoy es verano y en algún rincón del Central Park Rubén Blades sigue cantando que miles de historias hay en la ciudad de Nueva York. Miles de historias.

LOS PECADOS DE NANCY

"**T**odo lo que se dice allí es absolutamente falso," declaró el ex presidente de los Estados Unidos, Ronald Reagan, refiriéndose al libro *The Unauthorized Biography*, escrito por Kitty Kelley y cuyo personaje principal es precisamente su esposa, Nancy. Desde que el *The New York Times* y el *Daily News* publicaran como primicia sus primeros extractos, el libro se convirtió en un indudable éxito de librerías, en el texto de cabecera de aburridos oficinistas y empedernidos cazadores de chismes y noticias.

Las biografías de los grandes héroes contemporáneos del público estadounidense — autorizadas o no—, han sido siempre una tentación constante para los editores. Millones de lectores acuden con voracidad a esas páginas llenas de indicaciones sobre el comportamiento de sus seres emblemáticos, sus personajes mitológicos, tratando de encontrar las claves que les permitan descifrar —o al menos imaginar— las razones por las cuales llegaron a cruzar las puertas del éxito y la celebridad. Muchas veces el personaje real no tiene nada que ver con el retrato que se desprende de esas páginas, pero en otras ocasiones el mito se derrumba como un castillo de arena y se convierte de un día para el otro en una simple hojarasca de otoño, papeles sin ningún valor para el recuerdo. Algo de eso ha ocurrido con la biografía de Nancy Reagan, la esposa del más amado de los últimos presidentes norteamericanos, y quien goza, hasta ahora, de una popularidad inigualable. "El libro es fruto de más de mil entrevistas realizadas en los últimos ocho años entre sus amigos más cercanos y colaboradores," explica Kitty Kelley. "La señora Reagan manejaba la política del país. Fue, en realidad, nuestro presidente por dos períodos consecutivos."

La biografía de la ex primera dama del imperio revela por primera vez una serie de circunstancias y detalles que descubren su íntima personalidad. Sexo, drogas y Frank Sinatra, son los pilares temáticos del libro.

Nancy Reagan cultivaba con empeño la imagen de esposa abnegada y sacrificada, la compañera perfecta que era, al mismo tiempo, un gran apoyo para su marido. Durante toda la "era Reagan" fue la abanderada presidencial en la lucha contra las drogas. Pero en el libro de Kelley se señala que, por ejemplo, Nancy y su esposo fumaron marihuana una vez en una fiesta organizada por el multimillonario americano Alfred Bloomingdale, cuando Ronald era aún Gobernador de California. "La señora Reagan quedará en la historia como el símbolo frío, calculador y egocentrista de una era sin moralidad," ha dicho la autora del libro.

Pero Bárbara Bush, la ex primera dama, no está de acuerdo con la nueva imagen de su antigua amiga. Para ella, la supuesta biografía —que no ha leído todavía—, es pura "basura y ficción." Y aunque en el libro se dice que Nancy le puso el apodo de "George el quejoso" a su marido, la señora Bush cree que el libro es simplemente un producto destinado a incrementar los ingresos de su autora y de sus editores. Según el libro, Nancy Reagan odiaba tan profundamente a George Bush que en los círculos sociales más íntimos de la Casa Blanca, difundió el rumor no confirmado de que el vicepresidente tenía una amante. Lo dijo en una cena la noche del 18 de marzo de 1981, en la cual se encontraban el secretario de Estado Al Haig y el Fiscal General William French Smith. "Súbitamente —escribe Kelley en su libro— hubo una gran conmoción entre los asistentes: George 'el quejoso' tenía una amante."

Kitty Kelley recibió un adelanto de 3,5 millones de dólares de la editorial *Simon & Schuster,* por su nueva obra. La autora, una de las más reputadas escritoras de biografías de los últimos años, de 48 años de edad, escribió previamente sendos libros biográficos sobre Jackeline Onassis, Elizabeth Taylor y Frank Sinatra. Todos sus libros se han vendido siempre por encima del millón de ejemplares. Después de trabajar como investigadora especial del *Washington Post,* comenzó una exitosa carrera como escritora *free-lance,* ganó algunos premios literarios y fue señalada en *Regardie's* —una revista de Washington especializada en negocios— como una de las personas más influyentes de aquella ciudad. "Lo que Kitty realmente ansía en la vida es ser aceptada por la misma gente que ella ha derrumbado; quiere ser aceptada por los ricos y poderosos de este país como si fuera una más de ellos," ha confesado al periódico *New York Newsday* uno de sus amigos más cercanos, que prefiere mantenerse en el anonimato. Kelley "no tiene piedad alguna con nadie," añade la misma fuente. "Pretende hacerte creer que eres su amigo y que le caes bien. Pero lo que realmente está haciendo contigo es conseguir información."

El primer día que estalló el escándalo con el lanzamiento del libro, los periodistas esperaron a Reagan en las puertas de una iglesia para escuchar sus comentarios. "En un lugar sagrado como éste, no puedo usar las palabras que esa señora se merece," se quejó Ronald Reagan. En ese momento, todo el país ya estaba enterado que su esposa fue amante de Frank Sinatra por varios años y que incluso las citas amorosas se realizaban en los salones privados de la Casa Blanca, mientras él estaba fuera de la ciudad. Sinatra llegaba con sus mejores discos bajo el brazo, entraba por la puerta trasera de la mansión presidencial y Nancy ordenaba entonces que nadie los molestara y que no le pasaran ninguna llamada. "¿Ni siquiera del presidente?" preguntó alguna vez un despistado miembro del Servicio Secreto presidencial. "De nadie," fue la respuesta. "Ni siquiera del presidente." Otro miembro del personal de la Casa Blanca dijo que "cada vez que llegaba Sinatra de visita podíamos sentir que la atmósfera estaba cargada de electricidad cuando él estaba allí y teníamos instrucciones estrictas de no interrumpir esos 'almuerzos' bajo ningún concepto." Según la biografía, el FBI advirtió a Reagan para que trate de mantener cierta distancia con Sinatra, porque su esposa tenía una intensa relación amorosa con "La Voz."

Pero el ex Presidente Reagan no solamente pensaba en esa escena del libro cuando evitó a los periodistas aquella mañana. Según la misma autora, Ronald abandonó a una de sus novias mientras estaba embarazada y la obligó a practicar un aborto que ella no deseaba. En efecto, Jackie Park, una retirada actriz hollywoodense confesó al *Post* días después del lanzamiento del libro que Reagan arregló y pagó por un aborto ilegal después que ella resultara embarazada como consecuencia de un largo romance con el ex presidente, por entonces secretario general del sindicato de actores. El costo del aborto fue de 150 dólares y dicho pago no figura en el libro, aunque sí la historia del aborto y el posterior abandono. "Lo que a Estados Unidos realmente le interesa ahora no tiene nada que ver con Ronald Reagan," escribió una columnista después de leer el libro. "Lo único que le interesa al pueblo americano es saber si hubo algo entre Nancy Reagan y Sinatra. Y sobre todo, dónde."

El libro desapareció de las librerías en las primeras veinticuatro horas. En la librería *Coliseum Books* de Nueva York, por ejemplo, el administrador tuvo que ordenar 500 copias adicionales después de agotar su primera remesa en menos de ocho horas. "Muy pocos libros se han vendido como éste," dijo el administrador. "La gente está yendo de librería en librería buscando una copia de la biografía," confesó otro vendedor. "Esto no tiene precedente alguno." Y desde que el libro salió a la venta, las librerías han estado con sus centrales telefónicas totalmente congestionadas con llamadas de personas ansiosas por saber cuándo tendrán una nueva remesa disponible.

La autora del libro está absolutamente convencida que la ex Primera Dama dirigió en realidad las riendas del poder político y que ella, en último análisis, "fue una buena Presidenta." En una entrevista reciente, Kelley ha dicho que la señora Reagan ha sido la mujer más poderosa de esta nación a lo largo de toda su historia. Los chistes que le gustaban más eran los referidos a los negros y homosexuales y ella misma inventaba otros de su propia cosecha. Según la Kelley, lo único cierto en la partida de nacimiento de Nancy Reagan fueron los datos referidos a su sexo y raza. "Todo lo demás es inventado."

Nancy Reagan aún no ha hecho ningún comentario sobre el libro. Tal vez se encuentre ahora discutiendo con su marido sobre el significado de esas viejas escenas que ambos creyeron olvidadas y que hoy, gracias a este libro de 603 páginas, vuelven a agitar sus vidas. Ambos jamás imaginaron que esa vida conyugal mantenida en riguroso secreto, sea comentada ahora en los trenes subterráneos, mientras usted se come un hot dog o espera el inicio de un partido de béisbol en las graderías de un estadio cualquiera.

EL ENEMIGO PUBLICO NUMERO
UNO TIENE NOMBRE DE MUJER

Durante el otoño, Boston se cubre de una alfombra infinita de hojas y flores amarillas que comienzan a desprenderse lentamente de los árboles, como si la naturaleza se empeñara en cambiar con cada temporada el rostro del inmóvil paisaje de aquellas calles limpias y empedradas de los barrios más antiguos.

Aquella tibia mañana del 16 de setiembre, cuando Katherine Ann Power cruzó los umbrales del cuartel policial, terminó para siempre un tormentoso capítulo de su vida. Después de vivir clandestinamente 23 años bajo una falsa identidad, la ex guerrillera y ferviente activista contra la guerra de Vietnam, decidía voluntariamente entregarse y someterse a la ley estadounidense, que la buscaba por complicidad en el asesinato de un oficial de policía. Y cuando por fin reveló su verdadera identidad ante la incredulidad de los más viejos sabuesos policiales, Power respiró profundamente aliviada, liberada por fin de esa gigantesca angustia que la impedía vivir como cualquier ciudadana común y corriente, y pudo reconciliarse consigo misma al final de una eterna pesadilla en la cual ella -o su conciencia- era cotidianamente su más feroz enemiga, la más implacable de sus acusadoras.

La Power fue, durante todos esos años, la persona más buscada por el FBI.

Katherine Ann llegó a la estación de policía acompañada por sus padres y su esposo, Ron Duncan.

Después de 23 años de silencio absoluto, sin tener ningún tipo de comunicación personal con sus padres –por temor quizás a caer en las redes de la vigilancia perpetua que sus perseguidores sometían a la casa paterna–, por primera vez Katherine Ann se había reunido con sus padres en un pequeño hotel de Cambridge la noche anterior a su entrega.

La fugitiva los había llamado dos días antes a Grand Junction, Colorado. Y tan pronto como reconocieron la inconfundible voz de esa hija a quien creían definitivamente enterrada por la culpa y el misterio -o tal vez muerta para siempre-, Marjorie y Winfield Power, sus padres, abordaron el primer avión disponible rumbo a Boston. En el trayecto ambos recordaron que todos los años, cada 25 de enero, celebraban el cumpleaños de la hija ausente con una torta donde la madre amorosamente escribía siempre el mismo mensaje, año tras año: Feliz cumpleaños, Kathy.

"Nunca perdimos la esperanza de volver a verla," declaró al salir de la estación de policía su madre, hoy de 71 años de edad. Veinticuatro horas antes, en la habitación del hotel donde se volvieron a ver, toda la familia pasó la noche entera revisando viejos y recientes álbumes familiares. Con voz temblorosa los padres le fueron indicando a Katherine Ann los rostros y las travesuras de los nuevos miembros de la familia, y la ayudaron a identificar los sobrinos y sobrinas que su hija jamás había conocido. Los cuatro se abrazaron muchas veces. Y lloraron casi hasta el amanecer. Hasta que tuvieron que abordar el ómnibus rumbo a la estación de policía.

Por su parte, con la mirada extraviada en los altos techos de la dependencia policial, su esposo declaró que todo ese inmenso edificio no era suficiente para albergar su profunda pena. Un año atrás Ron se había casado con Katherine Ann después de una larga y tranquila relación de más de 13 años de noviazgo. Al parecer, el esposo conocía perfectamente la doble identidad de la ex guerrillera, pero fue siempre fiel a ese secreto y jamás, ni siquiera en los momentos más difíciles de la relación, el pacto de silencio estuvo en peligro de divulgarse. Ambos tienen un hijo, Jaime, de 14 años, a quien decidieron contarle el tormentoso pasado de su madre apenas un mes antes de la rendición. Jaime es un muchacho alto, guapo, fuerte, que siempre mantuvo una estoica serenidad a lo largo del juicio público de su madre.

Y a todos sus amigos, esa inmensa legión de amistades que la fugitiva supo cultivar con esmero a través de los años, Katherine Ann les ofreció una fiesta donde ella se agasajaba a sí misma. O, mejor dicho, se despedía de sí misma para poder reencontrarse con ese otro ser que convivía con ella y que nadie, salvo su esposo, conocía.

Organizó entonces una pequeña reunión donde abundaron los platillos de atún a la plancha, polenta con salsa de tomate y zapallo, focaccia y torta de manzana. Casi a la hora de los postres, la señora Alice Metzinger -el nombre que escondía su verdadera identidad- hizo sonar un tenedor sobre una copa de vino casi vacía. Cuando sus invitados enmudecieron y el silencio imperó sobre la sala, Alice empezó diciendo que tenía algo que anunciarles. "Me voy lejos de aquí por un buen tiempo," comenzó diciendo. "Y quiero explicarles las razones de esa ausencia." Bebió un último sorbo de su copa y agregó "Tengo que arreglar un pequeño asunto administrativo." Cuando terminó de hablar, todos sus amigos estaban electrificados por la revelación. Los más íntimos tuvieron la convicción de estar perdiendo a una vieja amiga, pero de algún modo sospechaban que esa noche de confesiones ellos empezaban a conocer a otra persona, aquella que vivió por muchísimos años bajo la piel de Alice, subrepticiamente, y que sólo hoy se atrevía a enseñar su verdadero rostro.

Un póster distribuido por la policía de Boston a fines de 1970 muestra a una mujer sonriente, detrás de unos gruesos lentes, con un letrero encima de su fotografía: buscada por asesinato.

Los años tumultuosos de la guerrillera

El 23 de setiembre de 1970, Katherine Ann y cuatro cómplices más asaltaron a mano armada las instalaciones del State Street Bank de Boston. Y cuando estaban a punto de llevarse un botín de 26.000 dólares, un oficial de policía, Walter Schroeder, el primero en escuchar por la radio la llamada de alerta, apareció por la puerta principal del banco y fue disparado por la espalda por William Gilday, uno de los asaltantes, muriendo horas después. Cuando ocurrió el fatal hecho, Katherine Ann estaba a menos de un kilómetro de distancia y fue la que condujo el coche donde fugaron los guerrilleros.

El dinero del atraco estaba destinado para la compra de explosivos en el mercado negro de armas. El grupo pensaba utilizarlos para volar los trenes militares que conducían armamento y material de guerra. Y otra parte del botín serviría para financiar las actividades de los *Panteras Negras*, un grupo radical de la década de los setenta que proclamaba la lucha armada contra el sistema.

Pero a inicios de la década de los setenta, el movimiento antibelicista estadounidense, básicamente estudiantil, estaba profundamente dividido y muchos de sus principales dirigentes se encontraban tras las rejas. Las distintas facciones que sobrevivieron a la represión policial decidieron convertir a sus organizaciones en aparatos clandestinos y aunque una gran parte de ellos fueron infiltrados por el FBI -que llegó inclusive hasta sus propios órganos de dirección-, algunos se refugiaron en las universidades y pudieron resistir por un tiempo más los golpes certeros de la policía. Pero algunos de esos grupos fueron ganados por la prédica de la lucha armada. En marzo de 1970, por ejemplo, en el barrio del Greenwich Village de New York, tres miembros del grupo Weathermen, uno de los más radicales de aquella época, volaron por los aires cuando trataban de fabricar un artefacto explosivo en una residencia.

Meses más tarde EEUU invadía Cambodia y el movimiento estudiantil empezó a reorganizarse detrás de las banderas antibelicistas. Muchachos y muchachas de universidades y de los últimos años de secundaria comenzaron a salir a las calles a protestar violentamente contra lo que consideraban "una guerra injustificable" y entre tanta muchedumbre indignada, siempre aparecían llamados vanguardistas convocando a la lucha armada. La durísima represión policial contra el movimiento estudiantil cobró decenas de víctimas. Entre ellas, a fines de mayo de 1970, cuatro estudiantes de la universidad estatal de Kent murieron abaleados por la Guardia Nacional durante una masiva protesta estudiantil contra el imperialismo norteamericano. Kathy Power, bachiller en Sociología e hija de un conocido banquero de la ciudad de Boston, fue una de las primeras en organizar la protesta estudiantil, al día siguiente de la masacre. Ese fue su bautismo de fuego, su ingreso al mundo de la rebeldía.

Una semana más tarde, Katherine Ann fue nombrada para participar, en su condición de dirigente estudiantil, en el Comité Nacional de Coordinación contra la Guerra, el máximo organismo estudiantil de aquella época. Fundada en el campus de la universidad de Brandeis, los otros integrantes del centro de dirección política de los estudiantes universitarios fueron Stanley Bond, un recluso con permiso regular de salida para cursar estudios universitarios fuera de la prisión -un programa estatal que luego fue cancelado- y Susan Saxe, líder de otra facción estudiantil que abogaba por la desobediencia civil. Los tres estuvieron juntos en el asalto al banco. El cuarto miembro del grupo de asaltantes, William Gilday, también provenía de las canteras universitarias y era un ferviente propagandista de la lucha armada.

Susan Saxe fue arrestada en 1975 y estuvo en prisión ocho años. Antes de salir en libertad condicional en 1982, Saxe condujo desde su celda una exitosa empresa de programación de computadoras y hoy se cree que vive en Filadelfia, lejos de la inquisición pública. William Gilday, quien disparó por la espalda al oficial Schroeber, aquella mañana fatídica del 23 de setiembre de 1970, está en la cárcel condenado a prisión perpetua. Y Stanley Bond, quien fuera amante de Katherine Ann durante todos esos años de euforia revolucionaria, murió en 1972 cuando trataba de confeccionar en su celda una bomba que estalló en sus manos, mientras esperaba el inicio de su juicio por el asesinato del policía.

La única que no conoció nunca los rigores de la prisión y que escapó por más de 23 años a la implacable persecución policial que el FBI tendió a nivel nacional para capturarla, fue Katherine Ann, la guerrillera más buscada de los Estados Unidos.

Nacimiento y muerte de Alice

Conforme el cerco policial se fue estrechando, el grupo rebelde decidió disolverse y Katherine Ann empezó a vivir a salto de mata, viajando de un lado a otro, borrando todas las pistas que podrían delatarla. Fugitiva desde entonces, decidió instalarse al noroeste de Oregon. Allí comenzó una nueva vida.

En 1977 decide adoptar el nombre de Alice Metzinger, asumiendo el nombre de una niña que murió a inicios de aquel año, usurpando el número de su carnet de seguro social y creando un currículum donde mezclaba algunas de sus fantasías con parte de las dolorosas realidades que trataba de borrar para siempre. Decía por ejemplo que había estudiado en la universidad por tres años, pero no mencionaba jamás en qué universidad.

Con los años logró abrirse paso y estableció un negocio particular dedicado a la venta de pasteles, postres y dulces caseros, denominado "La casa del té y del café," en la pequeña ciudad de Corvallis, 90 millas al sur de Portland. Allí conoció a su esposo y empezó a edificar una vida familiar saludable y generosa, dedicada casi por completo a la crianza de su hijo Jaime. Y también se dedicó a la enseñanza, dictando un curso de cocina y nutrición en la universidad comunitaria de Benton, en Albany. Nadie sospechó nunca nada. Fue madre ejemplar, amiga envidiable, excelente profesional.

Entonces le sobrevino una profunda depresión clínica que la tuvo en lamentables condiciones por más de ocho meses, aunque sin llegar a exteriorizar sus pesares a ninguno de sus amigos. Entró en terapia y allí, con ayuda de su analista, empezaron a iniciar un dolorosísimo viaje hacia sus orígenes, hacia aquella frontera del tiempo que los años no habían podido disolver.

Poco después decide asumir su verdadera personalidad y busca poco a poco reencontrarse consigo misma, con esa mujer que fue y que trató inútilmente de abandonar. Y que no pudo. "Estoy aprendiendo a vivir mi vida con autenticidad y verdad, en lugar de convivir con la culpabilidad y el ocultamiento," escribió más tarde.

Decide entonces comunicarse con sus abogados, un ex piloto de Vietnam, Steven Black, y otra en Boston, Rikki Klieman, ex fiscal de Boston y antigua activista radical en la Universidad del Noroeste. Los dos empiezan a negociar con las autoridades judiciales la entrega de la fugitiva y logran un compromiso con la fiscalía de Boston, por el cual no se la inculpa directamente por homicidio, lo que le hubiera costado por lo menos cadena perpetua.

El 16 de setiembre, acosada por los remordimientos, Power decide entregarse voluntariamente a la policía. El calvario terminaba para siempre.

El juicio

Después de un juicio de tres semanas que concitara la atención nacional, Katherine Ann Power subió al estrado de los acusados y con voz firme se declaró culpable ante el juez Robert Banks, del condado de Suffolk, de haber participado en el atraco de un banco que terminó con la muerte del policía Walter Schroeder.

En la audiencia final, el juez la sentenció a una pena de ocho a doce años de cárcel y a 20 años en libertad condicional, durante los cuales no podrá recibir ningún dinero de editores o de productores de películas que la estaban acosando para comprarle los derechos de autor sobre sus aventuras. "Usted no comercializará ni ganará dinero con la sangre de un policía de la ciudad de Boston," le dijo el juez. Al momento de morir, el policía dejó en la orfandad a nueve niños, el último de ellos de apenas seis meses de edad.

"No tengo palabras para expresar el dolor que he sentido en todos estos años por la muerte de ese oficial de policía," confesó llorando Katherine Ann. "Estoy profundamente arrepentida de mis actos."

Fuera de la sala donde se desarrollaba la audiencia judicial, aquella mañana del último seis de octubre, el viento barría sin cesar esa alfombra de hojas amarillas que suele iluminar de pronto, como un resplandor de fuego, las calles de la ciudad de Boston. Los árboles poco a poco adquieren una nueva identidad. El tiempo obliga al cambio de piel. La naturaleza cambia de identidad en cada temporada.

NOCHE DE COPAS

Dan Rather, el principal conductor del programa noticioso nocturno de la CBS -y uno de los periodistas más influyentes de Estados Unidos-, describió desde el podio el propósito central de la ceremonia de entrega de premios del Comité de Protección de los Periodistas: "Sabemos que ustedes enfrentan en sus respectivos países a enemigos poderosísimos que actúan al amparo de las sombras. A ellos nos interesa decirles que ustedes, en este país, también cuentan con amigos poderosísimos," dijo Rather, dirigiéndose a la mesa donde estaban los cinco periodistas distinguidos con el premio "Libertad de Prensa."

Nadie que hubiese visto el inmenso auditorio del Grand Hyatt Hotel de New York desde la perspectiva de Rather, habría dudado de la certeza de sus palabras. En efecto, aquella noche se encontraban reunidos los periodistas más prestigiosos de Estados Unidos y era más fácil anotar en una libreta los nombres de los ausentes que mencionar a todos los allí presentes. Aproximadamente 800 personas -entre periodistas y ejecutivos de todos y cada uno de los medios de comunicación más importantes de este país- se congregaron bajo los auspicios del Comité de Protección de los Periodistas (CPP) en su banquete de gala anual para distinguir a los periodistas más destacados del mundo y que confrontan en sus respectivos países -en opinión del Comité- situaciones que impiden o afectan el desarrollo normal de sus actividades.

Distribuidos en cien mesas -algunas de las cuales costaban alrededor de 25.000 dólares- los asistentes a la ceremonia de premiación pudieron percatarse que el evento era algo así como el "Oscar" del periodismo mundial. Peter Jennings, el conductor estrella de los programas informativos de la ABC, actuó como maestro de ceremonias y, con la calidez que le concede su amplísima experiencia televisiva, abordó con extrema pasión los temas más incisivos que hoy en día son objeto de un debate casi académico dentro del periodismo norteamericano: definir las sutiles fronteras entre el periodismo crítico y el periodismo independiente. "No sé si al ser crítico soy independiente, o si al ser independiente, soy crítico," afirmó en un momento. "Cualquiera sea la opción, esta noche premiamos a los que son independientes. Y a los que también son críticos," recordó.

Tom Brokaw, conductor del noticiero central de la cadena NBC y otro de los "ases" del periodismo estadounidense, acompañó a Jennings en la presentación del evento, donde se resaltaban los méritos de todos los periodistas premiados al haber proporcionado una cobertura independiente a sus lectores y oyentes, a pesar de arrestos ocurridos, encarcelamientos, ataques físicos, y amenazas contra ellos mismos o sus familiares.

William Orme Jr., director ejecutivo del Comité, mencionó que su organización comenzó en 1981 como una asociación informal de reporteros estadounidenses preocupados por los peligros físicos y los riesgos políticos que sus colegas extranjeros confrontaban cotidianamente en el ejercicio de sus funciones. Señaló también que el Comité es, hoy en día, la fuente más confiable sobre las violaciones que se cometen contra la libertad de prensa en distintos puntos del orbe y que además, es una institución que estimula la investigación sobre el múltiple rol de la prensa en el umbral del nuevo milenio. "Pero el rol principal del Comité permanece siendo el mismo, a través de los años: ofrecer apoyo oportuno a los periodistas que se encuentran en peligro," agregó. Al final de su intervención, Orme reveló que su institución recaudó esa noche algo así como un millón de dólares, suma más que suficiente para financiar las operaciones del Comité por los próximos seis meses.

Tal vez muchos de los periodistas premiados se reencontraron aquella noche con esa desmedida pasión por la libertad que es parte de la piel misma del periodismo estadounidense, esa preocupación instintiva, hecha oficio, por señalar los límites del poder, evitando la tentación de caer bajo la seducción de las prebendas y las comodidades con las que el Poder con mayúsculas premia a todos sus incondicionales.

En una de las mesas, casi en frente mismo del podio, Peter Arnett, el legendario reportero de la guerra del Golfo, que estuvo informando al mundo entero desde su posición de corresponsal de la CNN, era probablemente uno de los que entendía con suma lucidez lo que aquella noche se premiaba: la independencia frente al poder, el coraje de informar con la verdad en la mano, sin preocuparse por las embestidas furiosas de quienes controlan las riendas del poder. Arnett, vale la pena recordarlo, fue señalado incluso por algunos sectores del periodismo estadounidense como un propagandista del régimen de Sadam Husein, un traidor a la patria. La noche de los premios, Arnett compartía la mesa con Bernard Shaw, el conductor del informativo principal de la cadena CNN, su compañero de aventuras en la guerra contra Irak. Para muchos norteamericanos, Arnett encarna esa misma estirpe de periodistas que el Comité reconocía aquella noche en todos aquellos colegas extranjeros que habían sido seleccionados para recibir el premio después de una minuciosa selección de candidaturas, al mostrar "especial coraje en la defensa de la libertad de prensa."

Peter Jennings se encargó de presentar a uno de los periodistas distinguidos con el premio "Libertad de Prensa." Recordó al auditorio que Omar Belhouchet, director del diario *El Watan* de Algeria, ha estado en prisión muchas veces y su vida ha corrido inminente peligro. Junto con cinco de sus compañeros de trabajo, a principios de año Belhouchet encaró prisión por publicar "prematuramente" un reportaje sobre el asesinato de cinco policías, crimen cometido por sectores islámicos fundamentalistas que actúan en Algeria. Más tarde fue llevado a los tribunales por publicar una entrevista con un ex dirigente del Partido Comunista de su país, donde se criticaba al gobierno y al sistema judicial imperante. En mayo último, el periodista argelino salvó su vida de milagro, después de sobrevivir a un atentado salvaje mientras dejaba a su hija en la escuela. Desde entonces, 8 periodistas han sido asesinados en Argelia, presumiblemente por extremistas religiosos.

Tina Brown, tal vez la periodista más brillante de la prensa escrita de Estados Unidos, directora del prestigioso magazine *The NewYorker* y encargada del relanzamiento exitoso de *Vanity Fair*, en una intervención lúcida propuso a los asistentes reflexionar sobre el papel que debe desempeñar la prensa en el esclarecimiento de la verdad y en la forja de una conciencia crítica que permita distinguir los límites del engaño social. Nosa Igiebor, director de la revista *Tell* de Nigeria, recibió el premio por el coraje y la pasión que acompañan a su quehacer periodístico cotidiano. Igiebor ha estado en innumerables ocasiones bajo presión por exponer a sus lectores la corrupción oficial imperante en su país y por ser uno de los críticos más feroces de la abortada transición de la dictadura militar nigeriana a la democracia. En junio, el general Ibrahim Babangida, jefe de la junta militar de Nigeria, desconoció los resultados de la elección presidencial y transfirió el poder a un sucesor escogido a dedo por él mismo. Durante todo ese proceso, la dictadura militar de Nigeria ha llevado a cabo intensas campañas de intimidación contra la prensa de oposición. Y uno de sus principales objetivos ha sido la revista *Tell*. Pese a las contantes agresiones físicas contra sus reporteros, la ocupación de sus oficinas por los servicios de seguridad del régimen militar, la confiscación de sus ediciones y las amenazas de muerte contra sus periodistas, la revista que dirige Igiebor ha estado en la primera línea de fuego en la defensa de la libertad de expresión en Nigeria.

Dan Rather se encargó de premiar a Veran Matic, de la radio B92. "Podría creerse que vamos a premiar a una bomba o un artefacto bélico," comentó Rather. "Pero en realidad premiamos a una arma distinta, aunque igualmente mortífera: el arma de la verdad como principio."

En medio de la confusa y dolorosísima situación política yugoslava, son pocos los medios de expresión que gozan de plena independencia en su tarea informativa. Creada en Belgrado a mediados de 1989, la radio B92 ha estado en el aire desde entonces a pesar de trasmitir en condiciones dificilísimas, soportando presiones de parte del gobierno nacionalista serbio que dirige el presidente Slovodan Milosevic. Los integrantes de la radio B92 prefieren padecer los rigores de la independencia informativa a disfrutar las comodidades de la prensa obsecuente. Con un agresivo estilo de reportajes en directo, trasmitiendo muchas veces en cadena con los servicios informativos de la BBC de Londres, conjugando su programación informativa con el rock occidental y la música rap, y satirizando muchas veces la situación política yugoslava, eligiendo al humor como arma de corrosión crítica, Veran Matic ha conocido los rigores de la censura y la presión de los incondicionales. Por lo menos 3 integrantes del plantel periodístico de la radio B92 han sido asaltados por fuerzas leales al oficialismo y hasta el momento no se ha encontrado ningún culpable. Gracias a una red de pequeños y casi caseros medios de información independientes, la estación ha logrado sobrevivir y aún continúa en el aire, pero no está vinculada a ningún partido político. El eslogan de la radio es "No creas en nadie, ni siquiera en B92."

Otro de los cinco periodistas premiados fue el vietnamita Doan Viet Hoat, pero en lugar suyo recibió la placa su hijo, pues él se encuentra en un campo de detención especial, desde el 17 de noviembre de 1990, condenado originalmente a 20 años de prisión, pena posteriormente reducida a 15. El delito de Viet fue poseer "documentos usados por un grupo reaccionario como medio para derrumbar el gobierno vietnamita." Desde el campo de concentración de Ham Tan, Doan escribió "Para los prisioneros de conciencia, nada es más sagrado que saber que no hemos sido olvidados en nuestra lucha. La presión internacional por lograr la democracia y el respeto a los derechos humanos, nos ha ayudado a sobrevivir." *Freedom Forum*, un boletín informativo dirigido por Viet Hoat, se especializó en publicar artículos que representaban diversos puntos de vista del espectro político vietnamita. Y ese fue su delito. Difundir la diversidad, en lugar de sacralizar la uniformidad.

Terry Anderson, el periodista estadounidense de la Associated Press que estuvo cautivo por más de seis años en el Líbano, fue el encargado de entregar el premio al hijo de Doan, Loan Viet, un muchacho de unos veinte años, quien no ha visto a su padre desde la edad de doce años. "Cuando salga de la cárcel, espero entregarle personalmente todos los premios que mi padre ha obtenido a lo largo de su injusto cautiverio," dijo Loan.

Katharine Graham, directora del Comité Ejecutivo del influyente periódico *The Washington Post*, entregó el premio *Burton Benjamin* a Ted Turner, dueño de la cadena informativa CNN. El Comité decidió premiar a Turner "por cambiar al mundo." Desde las aldeas más remotas hasta los pasillos del poder mundial, Turner ha creado una verdadera revolución informativa que le permite dirigirse diariamente a una audiencia de 140 millones de hogares, en más de 200 países. "Yo empecé vendiendo periódicos, como canillita," recordó Turner. "Y cuando me propuse fundar CNN todos creyeron que estaba loco, pues quería difundir 24 horas de noticias al día." Katherine Graham recordó también que el mismo día del lanzamiento de CNN, el crítico de televisión de su periódico escribió el primero de junio de 1980 que "acababa de empezar la travesía de un proyecto condenado al fracaso total," pero que hoy ese mismo crítico tenía que ver diariamente CNN para estar actualizado.

Ricardo Uceda, director de la revista Sí de Perú, recibió su premio de manos del dueño del *The New York Times*, Arthur Ochs Sulzberger, Jr. Pero reseñar en este espacio las razones por las cuales Ricardo obtuvo merecidamente el premio "Libertad de Prensa," puede resultar redundante en las páginas de este semanario, pues todos los lectores saben con exactitud que cuando se conozcan los nombres de todos los implicados en el salvaje asesinato de los estudiantes y el profesor universitario de La Cantuta, el papel desempeñado por Ricardo y todo el equipo periodístico de esta casa editora habrá sido fundamental para devolverle un poco de dignidad al periodismo peruano, y para conectarnos otra vez con esa hermosa tradición de independencia crítica que distinguió a muchos periodistas nacionales, y con esa dosis necesaria de coraje para expresar puntos de vista distintos a los que emanan de las esferas del poder de turno.

Ninguno de los periodistas de Sí -de aquellos que llegaron aquella mañana brumosa hasta los arenales desiertos de Cieneguilla-, sospechó jamás que algún día sus pasos serían rescatados de la espesa neblina del amanecer hasta resonar, meses más tarde, impecables, en medio del aplauso generoso y unánime de un auditorio congregado para premiar la defensa de la libertad de prensa, como si al pisar esas tierras sueltas y arenosas hubiesen pavimentado para siempre nuestro derecho a la palabra. A la verdad en voz alta.

UN CASTIGO A LA LIBERTAD

Las principales cadenas de televisión de Estados Unidos abrieron sus programas informativos nocturnos del lunes 15 de junio anunciando que, desde ese día, la Corte Suprema federal, la instancia más alta de administración de justicia de este país, autorizaba a Estados Unidos el secuestro de cualquier sospechoso criminal desde otro país, sin necesidad de seguir los procedimientos jurídicos que establece el derecho internacional y actuando incluso en contra de las normas legales nacionales de los países afectados por semejante medida.

La insólita decisión fue acordada por seis votos a favor, emitidos por los jueces William H. Rehnquist, Byron White, Antonin Scalia, Anthony Kennedy, David Souter y nuestro conocido Clarence Thomas. Quienes opinaron en contra fueron los magistrados John Paul Stevens, Harry Blackmun y Sandra Day O'Connor.

El acuerdo del más alto tribunal de justicia estadounidense precipitó inmediatamente una ola de condena que aún no ha terminado de agotarse.

En opinión del Juez Supremo John Paul Stevens, quien escribió y sustentó la opinión de disenso de la minoría, la medida constituye "una aberración y una monstruosidad jurídica" inaceptable, además de una "flagrante violación de la ley internacional" y que supone, asimismo, "una violación de la integridad territorial del otro país, con el cual Estados Unidos ha firmado un tratado de extradición." Con suma lucidez, recuerda una cita del jurista Thomas Paine, quien advertía que "cualquier avidez para castigar es siempre peligrosa para la libertad."

El Juez Supremo William H. Rehnquist, en cambio, sustentó una posición absolutamente contraria y fue la que prevaleció al final. Después de una minuciosa interpretación histórica de los distintos tratados de extradición firmados entre Estados Unidos y otros países, Rehnquist concluyó que la mayoría basaba su decisión en un caso ocurrido en 1886 y que había sentado jurisprudencia sobre la materia. En aquel año, la Corte Suprema de Estados Unidos legalizó el secuestro de un criminal desde Perú con el propósito de ser enjuiciado en el estado de Illinois por el delito de robo y estafa pública. Hoy, según Rehnquist, el tratado de extradición entre México y Estados Unidos no prohíbe explícitamente el secuestro, y, por lo tanto, no debe deducirse que implícitamente lo prohíba. Semejante argumentación, por supuesto, hace agua por muchas partes. Pero empecemos por el principio. Empecemos por el caso peruano, ocurrido en 1886.

El caso peruano

El 1ª de marzo de 1883, el por entonces presidente de Estados Unidos, Chester A. Arthur, republicano que juramentó su cargo en 1881, expidió una autorización escrita al ciudadano estadounidense Henry G. Julian para que, actuando como mensajero, lleve personalmente al gobierno peruano una solicitud de extradición y reciba posteriormente bajo custodia a Frederick M. Ker, acusado de robo en agravio del estado de Illinois. Meses antes, el gobernador Hamilton de Illinois había solicitado al Secretario de Estado iniciar los trámites de extradición de Ker ante las autoridades peruanas.

Contando con la venia presidencial, Henry G. Julian se embarcó, con la solicitud de extradición bajo el brazo, rumbo al Perú. Después de una larga travesía y una vez llegado a Lima, se percató que ese país atravesaba por una espantosa crisis política, producto de su derrota militar en la guerra con Chile. Encontró un país prácticamente devastado por la prolongada ocupación militar chilena y una clase política peruana dividida detrás de dos grandes caudillos, Nicolás de Piérola y Andrés Avelino Cáceres. No existía por entonces un gobierno fuerte, capaz de crear un mínimo consenso nacional y las distintas facciones políticas se encontraban enfrascadas en una guerra sin cuartel, tratando de obtener las migajas dejadas por la ocupación chilena.

En tales condiciones, Julian decidió no entregar a ninguna autoridad del Perú la solicitud de extradición, temiendo que no se tomasen oportunamente las medidas adecuadas para resolver la solicitud de su gobierno, lo que podría favorecer incluso la huida del perseguido criminal.

Julian decidió entonces administrar justicia con sus propias manos. Después de meses de una paciente investigación tratando de dar con el paradero de Ker, el perseguidor logró por fin emboscar a su víctima y, con la ayuda de otros dos mercenarios, secuestró a Ker utilizando medios violentos. En el puerto del Callao se embarcó más tarde, junto con su prisionero, en el vapor Essex y durante toda la travesía lo mantuvo encerrado en una mugrosa bodega, hasta llegar al puerto de Honolulu. Después de una corta detención en esa isla, Julian tomó otro vapor que lo llevó hasta la ciudad de Sydney, desde la cual fue llevado Ker en condición de prisionero estadounidense hasta la ciudad de San Francisco, en el estado de California.

Antes que llegaran a San Francisco, el gobernador de Illinois, Hamilton, tramitó ante el gobernador de California la extradición de Ker, amparado por la Constitución estadounidense que regula la cooperación entre los estados para la entrega de criminales fugitivos que hayan escapado a la justicia del estado donde se cometió el crimen.

El Gobernador de Illinois nombró a Frank Warner para que reciba la custodia de Ker y el 25 de junio de 1883 el gobernador de California autorizó la entrega del prisionero al funcionario autorizado. Ker arribó a la ciudad de San Francisco el 9 de julio de 1883 e inmediatamente fue puesto bajo la custodia de Warner.

Comienza el proceso

Desde su captura en Lima, a Ker se le negó cualquier comunicación con persona alguna y se evitó proporcionarle asistencia legal que le hubiese permitido obtener su libertad por medios estrictamente legales o de cualquier otra naturaleza. Más tarde, durante el largo proceso judicial seguido ante la Corte del condado de Cook, Illinois, lugar donde se cometió el delito de robo y estafa, Ker sostuvo que su detención era "una violación a las provisiones de los tratados entre los Estados Unidos y Perú, negociados en 1870, el cual fue finalmente ratificado por los dos gobiernos y proclamado por el presidente de los Estados Unidos el 27 de julio de 1874."

Ker también sostuvo que, en virtud del tratado de extradición vigente con Perú, por su larga residencia en este país había adquirido "derecho de asilo" y el derecho a no ser molestado por un delito cometido en Illinois, lo que le garantizaba que podría ser capturado en Perú por la fuerza "sólo en virtud de ese tratado," ya que el mismo estipulaba claramente las condiciones en las cuales debería producirse el arresto y no, como había sido su caso, mediante un secuestro ilegal y desautorizado.

Después de sucesivas batallas jurídicas, el juicio llegó hasta la Corte Suprema de Justicia de Estados Unidos, donde empezó a debatirse el 27 de abril de 1886 y concluyó el 6 de diciembre del mismo año, con la decisión de aprobar todos los procedimientos seguidos por las distintas cortes de apelaciones.

La argumentación de la Suprema

El Tribunal Supremo de Estados Unidos sentó jurisprudencia al emitir su fallo. Sostuvo que "Julian fue al Perú con los documentos necesarios para procurar la extradición de Ker bajo los alcances del tratado, pero que aquellos documentos permanecieron en su bolsillo y nunca fueron dados a la luz en Perú; que ningún paso fue dado al amparo de esos documentos; y que Julian, al capturar a Ker y sacarlo fuera del territorio de Perú hasta los Estados Unidos, no actuó ni quiso actuar bajo los alcances del tratado." El documento agrega que "los hechos demuestran que fue un caso claro de secuestro dentro de los dominios de Perú, sin ninguna pretensión de autoridad bajo el tratado o ante el gobierno de los Estados Unidos."

También señala que "la cuestión de si su captura forzosa en otro país, y su trasferencia violenta, por la fuerza, o mediante procedimientos fraudulentos," puede ser invocado por el acusado para "evitar su enjuiciamiento en una corte estatal, por los agravios cometidos," es un asunto sobre el cual la Corte Suprema no puede pronunciarse "porque en esa transacción no vemos que la Constitución, leyes o tratados de los Estados Unidos le garanticen al acusado ninguna protección."

Pero la parte más importante de la resolución suprema de 1886 invocada por el Juez Supremo William H. Rehnquist para legitimar el secuestro del médico mexicano Humberto Álvarez Machaín, está en su último párrafo (curiosamente olvidado por la mayoría de los jueces del Tribunal Supremo) y que aclara explícitamente que en base al tratado de extradición vigente entre ambos países, se contemplan los derechos del gobierno del Perú para que reclame por la desautorizada captura ocurrida dentro de su territorio. Señala que "el Tratado con dicho país establece la extradición de personas acusadas de secuestro y, bajo la demanda peruana, Julian, quien es culpable de secuestro, puede ser capturado y enjuiciado en sus cortes por la violación de sus leyes."

Pero el gobierno peruano jamás reclamó entonces la aplicación del Tratado de Extradición acordado por ambos países para juzgar a Henry G. Julian, el tenaz perseguidor de fugitivos de la justicia norteamericana. Y ese mismo acápite, tampoco fue recordado hoy por el Juez Rehnquist a la hora de escribir el dictamen de la mayoría, porque eso significaría "establecer la ley de la selva, allí donde se quiere un solo cazador, y muchas liebres sueltas en el bosque," como apuntó un comentarista de la decisión jurídica del Tribunal norteamericano.

La reacción norteamericana

La opinión pública de este país ha reaccionado sumamente indignada por el vergonzoso fallo de la Suprema. El diario *The Wall Street Journal* editorializó en una de sus ediciones que "el furor que desató la decisión de la Corte sólo vuelve a confirmar la incapacidad de los actuales comentadores legales estadounidenses para entender el alcance del freno judicial." Por su parte, el *The New York Times* y el *Christian Science Monitor* editorializaron también en contra de las medidas adoptadas y reclamaron una decisión política para corregir la impresión de un imperio avasallante.

Casi todas las cancillerías latinoamericanas han expresado, por su parte, su profundo rechazo a la insólita decisión de la Suprema, porque de aceptarla significaría legitimar un poder supranacional, capaz de liquidar cualquier barrera fronteriza en nombre de un pretendido "interés nacional norteamericano." Reconocidos juristas de renombre mundial han alertado por su parte el gravísimo precedente que podría establecerse dentro de la comunidad internacional si cada país decidiera aplicar los mismos principios jurídicos que aparentemente hoy florecen en los Estados Unidos. Fidel Castro podría secuestrar a Orlando Bosh, quien vive en los Estados Unidos, acusado de volar un avión con noventa personas a bordo y llevarlo por la fuerza a Cuba para ser sometido a juicio por terrorismo. Fujimori podría secuestrar a Alan García y llevarlo de regreso a Perú, acusado de acumulación indebida de armas. Pablo Escobar hubiera podido ser secuestrado de su prisión y trasladado por un escuadrón de Julianes hasta Estados Unidos y así, hasta el infinito.

Por eso, asustado por la inmediata reacción de condena internacional que han suscitado las medidas tomadas por los jueces nombrados por él mismo, el propio presidente Bush ha tenido que admitir el viernes ante un grupo de periodistas hispanos que "si los gobiernos del mundo piensan que Estados Unidos va a buscar y atrapar personas (en otros países), ello hace extraordinariamente difícil la conducción de las relaciones." Y ha tenido que aclarar también que la medida tomada "No significa que se desarrollará toda una ola de secuestros."

Pero el temor es fundado, porque mientras exista esa disposición legal de la Corte Suprema de Estados Unidos, "el cazador no dejará que se le escape la paloma."

TORMENTA EN LOS ANDES

En la primera semana de julio, después de enseñar sus credenciales de miembro del servicio diplomático estadounidense, Richard Schifter, asistente del Secretario de Estado para Derechos Humanos, cruzó el umbral del aeropuerto Jorge Chávez y abordó el avión rumbo a Washington. Tres días de intensas discusiones con los altos mandos de las Fuerzas Armadas peruanas y altos funcionarios de la cancillería de Torre Tagle, además de una extensa reunión con el propio presidente Fujimori, le habían dejado una sensación de incertidumbre en cuanto a la eficacia de su misión diplomática. El Departamento de Estado le había encomendado discutir con las autoridades peruanas la estrategia global de la lucha contrainsurgente y las medidas globales del gobierno peruano contra el narcotráfico. En una de sus muchas reuniones, Shifter alertó a sus oyentes que el Perú podría perder la guerra si los militares continuaban confundiendo al campesinado pobre de las regiones conflictivas con guerrilleros senderistas. Y cuando criticó abiertamente el pésimo récord en las violaciones de los derechos humanos, obtuvo como respuesta promesas de que el Perú reformaría con toda energía el sistema judicial y las propias fuerzas armadas, las cuales serían, junto con la policía, intensamente entrenadas en el respeto escrupuloso de los derechos humanos. Pero cuando su avión se alejó de las fronteras aéreas peruanas, tal vez después de saborear un jugo de naranjas, Schifter alejó de sus recuerdos aquellos momentos de discusión y se puso más bien a redactar mentalmente su informe secreto destinado a una única persona: Lawrence S. Eagleburger, altísimo funcionario del Departamento de Estado, su jefe más inmediato.

Tres semanas más tarde, el 31 de julio, Eagleburger entregaba por escrito su informe al

Congreso estadounidense indicando que el Departamento de Estado había aprobado otorgar ayuda militar al Perú por 94 millones de dólares. Los argumentos principales de su informe subrayaban la magnífica disposición del gobierno peruano para superar su récord en el respeto a los derechos humanos y porque, según lo acredita su informe, el Perú había permitido ampliamente la supervisión de distintos grupos internacionales dedicados a la vigilancia de los derechos humanos. El informe mencionaba igualmente que las fuerzas policiales habían sido convenientemente "purgadas" y que se había "virtualmente eliminado" la actividad de los escuadrones de la muerte, los temidos paramilitares.

El monto de la ayuda propuesta comprendía 60 millones de dólares como ayuda financiera y 34.9 millones adicionales destinados principalmente a las fuerzas armadas que combaten al narcotráfico y las guerrillas. En ese momento el Departamento de Estado clausuraba un intenso debate interno que había durado más de ocho meses sobre si el Perú era merecedor de la ayuda militar norteamericana. La administración Bush, montada todavía en el caballo de la fulminante victoria militar en el Golfo Pérsico, abrió todas sus cartas de una vez por todas. Pero entonces nadie, ni siquiera el flemático funcionario Richard Shifter, podía suponer que en ese momento, en los pasillos del Congreso, se desataba una verdadera "Tormenta en los Andes" que amenazaba con derrumbar, como si fuera un castillo de naipes, las cuidadosas maquinaciones diplomáticas tan sutilmente elaboradas en meses y meses.

Los primeros en protestar fueron un grupo de 24 congresistas norteamericanos, encabezados por Edward Kennedy, quienes afirmaban que el Perú no era, de ningún modo, elegible para una ayuda económica en virtud de sus constantes atropellos de los derechos humanos. E inmediatamente después, apenas terminaron de leer el informe del Departamento de Estado, los presidentes de tres (de un total de cuatro) comités congresistas que tienen jurisdicción sobre las decisiones de ayuda exterior, manifestaron igualmente su profunda indignación porque, como lo afirmara el senador Patrick J. Leahy, presidente del Subcomité Senatorial de Asuntos Extranjeros, la decisión del Departamento de Estado supone "arrojarle moscas al rostro de los grupos internacionales de derechos humanos." Y anunciaba su decisión de bloquear, desde el Senado, la aprobación del paquete de ayuda. El chubasco había comenzado. Y los primeros en sacar inmediatamente sus paraguas fueron el demócrata Edward F. Feighan, presidente del Subcomité Senatorial sobre el Tráfico de Drogas y el representante Gus Yatron, demócrata de Pensilvania y presidente del Subcomité sobre Derechos Humanos, quienes manifestaron ante la prensa el 8 de agosto que solicitarían ante el Congreso la supresión de la ayuda y que, en todo caso, solicitarían formalmente al Departamento de Estado la "congelación" de la operación hasta que la Cámara vuelva a reunirse en sesión plenaria el próximo 10 de setiembre, cuando concluya su receso vacacional.

El Imperio contraataca

El mismo 31 de julio, David Denny, vocero del Departamento de Estado, ensalzó las disposiciones tomadas por el Perú en su lucha contra el narcotráfico y mencionó que su Departamento había "comprobado los resultados de ese esfuerzo." Subrayó igualmente el hecho que, en los últimos meses, el gobierno peruano adoptó un conjunto de medidas destinadas a educar al ejército y a la policía en el respeto escrupuloso de los derechos humanos y que todo ello suponía un "significativo progreso" que tiende a mantenerse. Concluía afirmando que "las tendencias que hemos comenzado a contemplar a finales del año pasado --es decir, el respeto a los derechos humanos-- se han arraigado definitivamente." Y por los pasillos del

Congreso distintos funcionarios empezaron a presionar para que prevalezcan los puntos de vista de la administración Bush. Lejos de los oídos molestosos de los periodistas, ninguno de ellos se atrevió a discutir el hecho de que las fuerzas armadas continuaban violando los más elementales derechos humanos, pero aseguraban que el gobierno peruano merecía una especialísima atención en tanto estaba bajo un virtual estado de sitio, amenazado por una crisis económica sumamente grave, una epidemia de cólera sin precedentes en las últimas décadas, jaqueado por la actividad cada vez más creciente del narcotráfico y, sobre todo, sometido a una despiadada guerra sin cuartel por uno de los movimientos guerrilleros más sanguinarios del mundo. "Necesitan nuestra ayuda desesperadamente," concluía Eagleburger.

La razón principal por la cual la administración Bush movió a sus principales funcionarios para defender el acuerdo logrado con el Perú, es que el Congreso será quien determine, en última instancia, si se otorga o no la ayuda solicitada por el Departamento de Estado. En virtud del Acta de Control de Narcóticos Internacionales, aprobada por el Congreso en 1990, la Administración no puede proveer ayuda destinada a combatir el incremento de la producción de cocaína a menos que los cuatro países andinos que la producen (Colombia, Ecuador, Bolivia y Perú) aseguren al Congreso estadounidense que sus respectivas fuerzas armadas y policiales respetan escrupulosamente los derechos humanos o que han introducido sustantivas reformas destinadas a su mejoramiento. La ley requiere específicamente --y este es el caso del Perú-- que reinen mínimas condiciones para conseguir ayuda económica o militar: que la policía y las fuerzas armadas no estén involucradas en violaciones de los derechos humanos y que se hayan logrado progresos evidentes en áreas específicas como la tortura o que el gobierno mantenga control sobre todas las operaciones militares o policiales que involucren directamente a la población civil. Así lo establece la ley.

Ted Weiss, otro representante demócrata, declaró al día siguiente del anuncio del acuerdo que la posición adoptada por la Administración Bush "viola claramente la ley sobre narcóticos y es una ofensa al Congreso que la aprobó porque dicho acuerdo no asegura el respeto de los derechos cívicos." Aseguró igualmente que la decisión del presidente Bush de otorgar ayuda militar y económica al Perú era "un vergonzoso encubrimiento de la abismal falta de respeto por los derechos humanos." Y como para darle razón en sus alegatos, desde el Perú se confirmó que la violencia política se había incrementado. El senador Enrique Bernales, indicaba que durante el primer año del gobierno del presidente Fujimori habían sido asesinadas 3.106 personas, en contraste con las 1.268 personas del primer año del gobierno aprista de Alan García, subrayando el hecho de que, hasta el momento, parecía no existir una estrategia adecuada para enfrentar al terrorismo. La pavorosa cifra de 23.000 muertos como fruto de la violencia política en once años y la pérdida de más de 18.000 millones de dólares por atentados guerrilleros, estremeció nuevamente al Congreso norteamericano. Juan Méndez, director ejecutivo del grupo de derechos humanos Americas Watch, aseguró que las fuerzas armadas y policiales del Perú "todavía cometen monstruosas violaciones de los derechos humanos en una forma sistemática." Los negros nubarrones se acercaban esta vez a las puertas mismas de la Casa Blanca.

Rambo llega al Alto Huallaga

Pero sin duda lo que más ha impactado a la opinión pública estadounidense es la revelación de que, como parte del paquete de ayuda militar aprobado, participarían en la lucha contra el narcotráfico y las guerrillas asesores militares estadounidenses en "un número no mayor de cincuenta," junto con un número no revelado de "Boinas Verdes." Dentro del rubro de ayuda militar directa, suma que asciende a la cantidad de 34.9 millones de dólares, se incluye una partida destinada al entrenamiento de dos batallones, la creación de una flota fluvial, y la reparación de helicópteros y aviones de combate. Además, se asigna un monto específico a los destacamentos policiales que trabajan en coordinación con la DEA.

Según la Administración Bush, ninguno de los asesores tendría roles específicos de combatir directamente a la subversión o al narcotráfico y que su papel, por el contrario, sería la de ser "simples entrenadores" de los cuerpos de élite militar peruanos e "instructores" del respeto a los derechos humanos. Según el razonamiento oficial, el tráfico de drogas y las actividades guerrilleras están indisolublemente ligadas, como lo reconoció el mismo Melvin Levitsky, Subsecretario de Estado para los aspectos internacionales de la lucha contra las drogas. Y Bernard W. Aronson, asistente del Secretario de Estado para Asuntos Interamericanos, ha declarado que "es imposible tener un exitoso programa antinarcóticos si se cancela la ayuda al país que es uno de los mayores productores de cocaína en el mundo y si no se ayuda a los peruanos a fortalecer sus esfuerzos antinarcóticos."

La guerra silenciosa

La batalla por lograr la ayuda militar al Perú, en los términos recomendados por la Administración Bush, recién ha comenzado. Es muy probable que los demócratas --que mantienen mayoría en ambas cámaras-- vean en esta disputa una ocasión ideal para medir fuerzas con la administración republicana. En vísperas del inicio de la próxima campaña electoral, acusar a Bush de intentar embarcar a Estados Unidos en una "guerra sucia," o de pretender engañar a la opinión pública estadounidense de que combatir en el Alto Huallaga no será otro Vietnam ni tampoco la pesadilla que todavía significa el involucramiento de este país en El Salvador, es, qué duda cabe, un buen tema de campaña. No sería difícil imaginar a Mario Cuomo o a cualquier otro potencial candidato demócrata fustigar una y mil veces al inmaculado rostro electoral de George Bush, señalándole su responsabilidad personal en el otorgamiento de una ayuda militar a un país que exhibe un pésimo récord en el respeto a los derechos humanos.

Pero más allá de las posibles influencias electorales de este tema, los mismos funcionarios peruanos parece que han sido aconsejados por sus homólogos estadounidenses que éste no es precisamente el momento ideal para visitas presidenciales, puesto que no se tiene asegurado el apoyo del Congreso de Estados Unidos para la concesión inmediata de la ayuda, por lo cual sería un poco bochornoso que Bush reciba en la Casa Blanca al presidente del país que la oposición señala como uno de los más grandes violadores de derechos humanos en el hemisferio. O puede ser también a la inversa: que en la Cancillería peruana hayan primado ciertos criterios de equidad en el trato al posible huésped. Es como decir, no viajo si no voy a ser bien recibido. O si no se firma previamente el contrato. La visita lo dejamos para más adelante.

En todo caso, si el Congreso decidiera congelar la ayuda u otorgar tan sólo un adelanto del mismo hasta ver cómo se comporta el gobierno de Fujimori, no sería extraño que nuevamente nuestro conocido Richard Schifter vuelva a meter un par de camisas en su maleta y se aparezca otra vez de repente en el aeropuerto Jorge Chávez, preguntando a cualquier taxista adormecido cuánto cuesta una carrera directa a Palacio de Gobierno. O al Comando Conjunto de las Fuerzas Armadas.

EL FAUNO Y LA DONCELLA

En medio de una verdadera nube de fotógrafos y camarógrafos sumamente ansiosos por descubrir o atrapar en un mínimo gesto las más recónditas motivaciones de los protagonistas de un verdadero drama tecnológico que sedujo por entero a una inmensa nación, un hombre y una mujer ingresaron hace unos días, impecables de sospecha, al salón más solemne del congreso estadounidense, allí donde antaño se siguieran los célebres procesos anticomunistas en la era de McCarthy, el famoso proceso de Watergate y las recientes investigaciones del juicio Irán-Contras. Sentados frente a un celosísimo panel de circunspectos senadores (todos hombres, por supuesto), ambos personajes mantuvieron totalmente hechizados a los estadounidenses en edad de ejercer —o imaginar— fantasías sexuales (o políticas).

En efecto, por primera vez en la historia del congreso, la denominada batalla de los sexos abandonaba los recintos clandestinos del hogar, el centro de trabajo o las calles anónimas y multitudinarias de las grandes ciudades y accedía, en medio de un inusitado despliegue de cobertura noticiosa, al primer plano de la preocupación nacional de este país. Exorcizada por completo la memoria de la guerra reciente, un hombre y una mujer, representantes ejemplares de lo más emblemático del llamado Sueño Americano, exitosos paradigmas del modo americano de vivir, uno tras otro, hablaron durante todo un día sobre un solo hecho: el supuesto acoso sexual que uno de ellos, Clarence Thomas —nominado por el presidente George Bush a la magistratura más alta de esta nación, la Corte Suprema de Justicia, y recientemente electo al cargo tras una memorable jornada del congreso—, había practicado en contra de la catedrática Anita Hill, durante la época en que ambos trabajaron juntos en la Comisión de Igualdad de Oportunidad de Empleo.

Cuando ambos empezaron a hablar, el país entero enmudeció. Las calles fueron menos multitudinarias que nunca y en los trenes subterráneos las congestiones fueron comunes tratando de conseguir desesperadamente un lugar en el vagón para llegar cuanto antes a casa, prender el televisor y ver la telenovela más exitosa de los últimos tiempos: algo así como asistir al capítulo final de una serie que podría llamarse "La vida y milagros del docto fauno y la casta doncella." Porque todos los televidentes que en algún momento posaron sus ojos en el cristal de la pantalla, fueron trasformados por completo, quedaron embrujados por los verdaderos misterios de la vida. Después que cada uno de los protagonistas principales expuso por más de veinticuatro horas su propia versión, culminando una larga semana de chismes periodísticos y primicias reveladas, luego de jurar ambos con una mano levantada y la otra encima de una biblia que sólo la verdad y nada más que la verdad, el pueblo estadounidense entendió que ambos testimonios eran absolutamente desgarradores y que los dos eran, por igual, totalmente convincentes, sin resquicio alguno para la duda o la más leve de las sospechas.

Y como en una de esas enigmáticas obras de misterio que sedujeron la opinión pública mundial a fines del siglo pasado, cuando la literatura folletinesca entregaba por capítulos fragmentos de una verdad que sólo al final de un gran padecimiento dramático era revelada, el pueblo estadounidense, uno de los más moralistas del mundo entero, hace unos días presenció por televisión la exposición agonizante de una verdad, es cierto, pero también de una mentira. Clarence Thomas, convincente y sólido como un verdadero monje franciscano, una y mil veces afirmó que jamás acosó sexualmente a su antigua empleada. Y Anita Hill, envuelta en un halo de credibilidad insospechable de distorsión alguna, reveló en vivo y en directo, por cadena nacional y en el mejor de los horarios, la permanente e insistente práctica sexista del Juez Thomas. ¿Quién nos dijo la verdad? ¿Cuál de los dos nos está mintiendo todavía? O, como escribió Andrew Rosenthal en el The New York Times: "Un terrible daño ha sido hecho, ¿pero a quién?"

Pero independientemente del veredicto final del congreso, que confirmó por precaria mayoría la nominación de Clarence Thomas a la Suprema, lo que esta polémica ha permitido es una discusión franca y pública, con muchísimos resabios de culpa, de los clandestinos hábitos sexistas de la sociedad estadounidense actual. Dos testimonios, simétricamente contradictorios, se adueñaron por dos semanas de los principales titulares de todos los diarios del país, ocuparon las mejores horas de la televisión destrozando a todos los ratings y obligando al The New York Times, por ejemplo, a lanzar depuradísimas ediciones de hasta seis y ocho páginas diarias dedicadas a analizar la verdad de una mentira... o la mentira de una verdad. El debate público de los íntimos asedios dejó una secuela en la memoria ciudadana que será muy difícil de olvidar. La opinión pública asistió mediante la televisión a uno de los interrogatorios más acuciosos que jamás se haya trasmitido. Anita Hill y Clarence Thomas jamás podrán olvidar estos días. Tampoco el pueblo norteamericano. Porque cuando cesen las bombardas y los fuegos artificiales que derrocharon todos los medios de comunicación, cuando todo esto termine, algo ha de cambiar en este país. Gracias a una verdad —o a una mentira— desde entonces ya no somos los mismos. "Ha sido un linchamiento tecnológico," se quejó amargamente el juez Thomas en una de las audiencias. "Si antes colgaban a los negros en los árboles de este país, hoy se hace en la televisión," agregaba. Y Anita Hill, momentos después de abandonar la sesión, confesó que sólo Dios sabía la verdad.

Los hechos (o las fantasías) hablan

"Ese juez es un mentiroso," me dijo el bodeguero de la esquina, mientras me extendía los últimos titulares del día. "Hay además otros testigos. Ya lo verá. Hoy lo fulminan en el senado." Desde el momento en que Anita Hill tomó la decisión de asistir a las audiencias del Comité Judicial que estudiaba la nominación del juez Clarence Thomas a la Corte Suprema de Justicia, debido a la vacante dejada en ese organismo por la renuncia de Turgot, otro juez negro pero de reconocidísima reputación liberal —a diferencia de Thomas, que es uno de los baluartes del conservadurismo más tradicional y sustentador ideológico de la extrema derecha de este país—, todos entendieron en este país que una gran batalla se avecinaba, como un huracán que arrastra de raíz los árboles más añejos y los convierte en simples ramas, víctimas de una furia incontrolable. Las acusaciones no eran poca cosa. En primer lugar, Anita Hill, hija de una humilde familia de granjeros residentes en un remoto pueblo al sur de este país, después de lo que llamó "agonizantes consideraciones" pensó que un hombre como su ex jefe no estaba calificado, de ningún modo, para ocupar el cargo más alto del Tribunal Supremo. Como abogada y profesora de derecho en la escuela de leyes de la universidad de Oklahoma, sabía que desde ese momento su vida sería celosamente sometida a escrutinio y que sus argumentos, cualesquiera que fuesen, se enfrentarían contra las arcaicas costumbres del "establishment" político. Al dejar las aulas universitarias donde impartía una de las cátedras más brillantes de derecho de ese centro de estudios, sus alumnos se acercaron para despedirla calurosamente antes de tomar el primer avión rumbo a Washington. Y apenas tocó tierra, se convirtió desde entonces en la heroína secreta de muchísimas mujeres que han padecido en el anonimato el acoso sexual de sus colegas hombres y fue también, por contraste, la bandera más reciente que todas las organizaciones feministas levantaron con un ardor inusitado, como si fuese el emblema perfecto para encender los ánimos en vísperas de la madre de todas las batallas.

"Siempre me hablaba del tamaño de su pene..."

Después de un sonoro y firme juramento de fidelidad a la verdad, Anita Hill cautivó desde un primer momento a su auditorio. Detrás de ella, estaban sentados sus ancianos padres y siete de sus doce hermanos. Bautista, profundamente religiosa, fiel asistente a las jornadas dominicales de su parroquia, dueña absolutamente del escenario desde el cual era en ese momento mirada por más de treinta millones de hogares norteamericanos, según cifras proporcionadas por las cadenas de televisión, poco a poco empezaron a surgir de sus labios, acompañados por una voz firme y serena, los tormentosos recuerdos de su estrecha relación laboral con Clarence Thomas, diez años atrás. Empezó mencionando que no era ni una mártir ni una militante del movimiento feminista y que su presencia en el senado se debía al hecho de que los investigadores de la comisión senatorial se pusieron en contacto con ella y la citaron como testigo y que, por lo tanto, no tenía ninguna animadversión especial contra su ex colega.

Desde 1981 a 1983, Thomas intentó por todos los medios invitarla a salir fuera del horario de trabajo. "No, él no me pidió que tengamos relaciones sexuales, pero continuamente me presionaba para salir con él, continuamente. Y nunca aceptaba mis explicaciones como válidas." Hill mencionó que, en privado, Thomas le hacía insinuaciones sexuales que la incomodaban constantemente. "Siempre me hablaba del tamaño de su pene," relató la tranquila profesora de leyes, ante una audiencia de estupefactos senadores. Relató igualmente que el juez la invitaba a ver juntos películas pornográficas donde se veían actos sexuales con animales. La presión constante de Thomas y sus pláticas sobre sexo supusieron para Hill una tensión insoportable. "Eso me hizo sentir indefensa en el trabajo," continuó. "La parte más vergonzosa era cuando me hablaba de pornografía en la que participaban mujeres con senos grandes que practicaban varias formas de contacto sexual con personas y animales," dijo.

Semejantes revelaciones estremecieron por completo los adustos salones donde se reunía el Comité de Asuntos Jurídicos del Senado. Su testimonio fue considerado como un verdadero "torpedo de singular fuerza, de esos que penetran por debajo del agua y hacen un daño enorme," como lo señaló Alan Simpson, uno de los patrocinadores de la candidatura de Thomas. "Desde este momento, el país ya no es el mismo," observó Ted Kennedy, uno de los más silenciosos miembros del panel a lo largo de todo el debate. Cuando llegó la hora de los cuestionamientos, una de las preguntas claves que se le hizo a la profesora de leyes fue por qué no denunció estos hechos antes y por qué permaneció trabajando por tanto tiempo al lado de un hombre que, si hubiese actuado como ella sostenía, se trataría sin duda de "un verdadero maniático," como lo sugirió abiertamente el senador Heflin. La razón que adujo entonces Anita Hill fue impecable: tenía miedo de perder su empleo. "Temía que el juez Thomas, que goza de una posición de muchísimo poder dentro de la nueva administración, perjudicase mi carrera."

Un viejo fauno a la Suprema

Horas más tarde, el juez Thomas se sentaba en la misma mesa desde la cual su antigua empleada había revelado las supuestas intimidades de un nada placentero centro de trabajo. Entró con la espada desenvainada y los gestos congestionados. Casi al borde de las lágrimas por la evidente ira que lo dominaba, se enfrentó a los miembros del panel con la táctica del ataque fulminante y decisivo. Después de negar rotundamente cualquier tipo de insinuación de acoso sexual contra su antigua empleada, acusó a los miembros del Comité de promover un verdadero circo, "un linchamiento de alta tecnología contra negros engreídos." Sostuvo igualmente que su larguísimo proceso de confirmación lo tenía harto y que ningún cargo, por más honorífico que fuese, merecía semejante tratamiento. "He sido linchado —insistía—, he sido destruido, ustedes me han convertido en una caricatura en lugar de ser colgado de un árbol." Detrás suyo, su esposa, rubia y perfectamente vestida para la ocasión, derramaba algunas lágrimas cada vez que Thomas se refería al inmenso e irreparable daño que se le había hecho a él, a su familia y a sus amigos. "Confírmenme o no, hagan ustedes lo que quieran," retó finalmente. "Pero tienen ustedes que dejarme reconstruir mi familia. Lo único que yo ansío es manejar mi coche, cortar el césped de mi jardín y comerme una hamburguesa de McDonalds." Visiblemente indignado por lo que consideró una humillación y una afrenta racista, Thomas abandonó la sala, después de declarar que ni siquiera un puesto en la Corte Suprema valía la pena enfrentar el constante fisgoneo de la prensa en su vida privada, exigiendo que de ninguna manera se le pregunte nada sobre su vida privada porque no estaba dispuesto a proveer "cuerda para su propio linchamiento."

Lo que el viento se ha llevado

La elección de Thomas a la Corte Suprema fue sumamente estrecha. Su confirmación modifica sustancialmente la composición política de ese órgano jurídico, el tribunal más alto de este país. Una corriente definidamente conservadora se impone en ese cuerpo y de su actuación futura depende el futuro de esta nación.

Temas tan controversiales como el aborto o modificar la legislación sobre la ampliación -o no- de los derechos civiles o el papel de las minorías étnicas en la construcción de un país viable, de cara al siglo XXI, serán, sin duda, el mejor termómetro para saber si la votación estrecha que lo eligió supo barrer la hojarasca que su nominación provocara.

La bancada republicana en pleno votó disciplinadamente por el candidato del presidente Bush y la opinión pública, dividida en dos fracciones irreconciliables, cada una propietaria de su particular verdad, continúa debatiendo en voz alta, a cualquier hora del día, sobre las motivaciones de ambos personajes para simular una verdad o esconder una mentira.

Un solo ejemplo. En la lavandería del vecindario generalmente los clientes acuden con sus respectivos hiatos de ropa sucia y los lavan tan pronto como pueden. Pero en la noche del debate, las máquinas anduvieron solas. Dos grupos compactos de ciudadanos comunes y corrientes, blancos y negros, latinos o chinos, por un momento nos olvidamos de las preocupaciones cotidianas y empezamos ardorosamente a discutir, o a tratar de explicarnos a nosotros mismos, sobre los famosos criterios de verdad. Esa noche tomé partido por uno de los dos.

¿Y usted, lector, lectora, por quién se inclina?

II. CRONICAS DEL PODER

UNA CARTA RIGUROSAMENTE VIGILADA

"**P**erdimos la clasificación al mundial, pero derrotamos a Sendero," le dijo uno de los parlamentarios oficialistas a un amigo suyo, en los pasillos del hotel Roosevelt de la calle 45, donde se encontraba alojada la numerosa delegación parlamentaria que acompañó al presidente Alberto Fujimori en su viaje a Nueva York.

En efecto, la divulgación de la carta enviada por Abimael Guzmán a Fujimori llenó de entusiasmo y alegría a la comitiva oficial del presidente peruano, y poco faltó para cantar el himno nacional en las aceras del edificio de la ONU. El misterio más rigurosamente conservado había sido revelado minutos antes, desde el podio del primer organismo mundial. El operativo clandestino minuciosamente planificado por los allegados más íntimos al presidente, llegaba a su fin. Nadie, salvo Carlos Orellana, secretario de prensa de la presidencia, el traductor y la secretaria personal de Fujimori, sabía absolutamente nada sobre el contenido del discurso del presidente. Nadie lo supo de antemano, ni siquiera sus ministros o el embajador del Perú ante los Estados Unidos, Ricardo Luna, menos los funcionarios de distinto rango diplomático o los periodistas que llegaron desde Lima.

Según Juan Paredes Castro, invitado especial del Presidente, el discurso trataría sobre el éxito de la reinserción económica y desde Lima incluso llegaron rumores que se trataba, más bien, de relanzar el tema del respeto a los derechos humanos y que probablemente se darían algunos nombres de los implicados en la matanza de los estudiantes de la Cantuta. "Será breve pero sustancioso," le contestó 48 horas antes Fujimori con una sonrisa enigmática a Manuel D'Ornellas, el director del diario Expreso, cuando éste le preguntó si podía conocerse algún adelanto.

Pero para Carlos Orellana, se trataba de algo "sumamente espectacular, que remecerá al mundo entero." Y cuando por fin Fujimori descubrió el velo que envolvía al precioso cofre, muchos funcionarios diplomáticos respiraron tranquilos: se acabó el secreto de estado más importante del mundo, terminó enredado en los teletipos el enigma que todos trataron de descifrar inútilmente.

El operativo fue diseñado probablemente desde las oficinas del Servicio de Inteligencia Nacional del Perú y el propósito fundamental del mismo fue evitar cualquier filtración prematura que pudiese disminuir el impacto de su divulgación. No sólo se eligió cuidadosamente el escenario desde el cual se daría a conocer al mundo entero el pedido de un "acuerdo de paz" por parte del jefe del movimiento guerrillero más brutal y sanguinario del mundo, en el cual además por primera vez se reconocía al jefe de estado peruano como "Presidente de la República." También se diseñó, milímetro a milímetro, cómo debería conservarse el secreto hasta el final.

El secreto más importante del mundo

A la una de la madrugada del último viernes llegaron a la Misión del Perú ante las Naciones Unidas -ubicada a escasas cuadras del UN Plaza Hotel, donde se encontraba alojada la plana mayor de Fujimori- las dos personas que habían sido seleccionadas para organizar el operativo más enigmático en toda la historia de esa sede diplomática. Carmen Rissi, secretaria personal de Fujimori desde las lejanas épocas de la rectoría en la Universidad Agraria, y Eugenio Rissi, primo de Carmen y traductor oficial del discurso de Fujimori, ingresaron en medio de un aire de gran misterio que sobrecogió a los pocos funcionarios diplomáticos que a esas horas se encontraban de guardia en la Misión, "porque tenían que apoyar algo importante que iba a ocurrir," como les explicó horas antes el jefe de la representación.

Apenas ingresaron al local, los dos Rissi se dirigieron directamente hacia una de las oficinas dotadas con computadora y cerraron la puerta. Una hora más tarde salieron con un disco flexible en las manos y una única copia en papel y se encaminaron al hotel del presidente, donde fue revisado por el propio Fujimori y Carlos Orellana. Nadie más vio el documento.

A las tres de la madrugada los Rissi regresaron al local de la Misión, con las correcciones anotadas de puño y letra del propio Orellana y volvieron a encerrarse en la misma oficina donde se daban los toques finales al máximo secreto de estado del cual se tenga memoria en esta ciudad, el centro mundial de la diplomacia.

Hasta la propia traductora oficial de la Misión, quien no participaba por supuesto de la estructura de confianza absoluta montada por Orellana para proteger al máximo cualquier filtración del discurso, cuando fue llamada a corregir las pruebas finales del documento, sintió que la tierra entera se abría bajo sus pies y por un momento temió ser partícipe de semejante misterio, pues estar en posesión del mismo convertía automáticamente a sus usuarios en sujetos cargados de toda sospecha.

Pero Carmen Rissi se encargó de demostrarle que ella, la traductora de la Misión, no era parte del equipo de confianza del presidente. Se le pidió su opinión solamente por tal o cual línea, por éste o aquél párrafo, pero siempre la página tres del documento oficial, pasaba ante sus ojos a una velocidad tan vertiginosa que a cualquier mortal le hubiese sido imposible saber que allí, en el párrafo quince del documento, se encontraba el meollo mismo del misterio más rigurosamente conservado de la humanidad. El discurso de Fujimori, el anuncio que estremecería al mundo, estaba a punto de ser impreso, primera fase del tortuoso camino hacia la divulgación posterior del misterio encarnado.

Y cuando por fin dieron a la computadora la orden de impresión, Carmen Rissi corrió hacia el rincón donde se encuentra la impresora láser y esperó con el alma en vilo la aparición de las primeras letras del discurso. A esas horas, tuvo la certidumbre de estar viviendo uno de los momentos más emocionantes de toda su vida: leer antes que nadie el discurso del presidente le infundía, a esas horas de la madrugada, en el corazón de la isla de Manhattan, a espaldas del imponente edificio de la ONU, un fervor patriótico que empezaba como un cosquilleo desde la punta de los pies y terminaba en los diminutos dedos de las manos que arrancaban nerviosamente, página tras página, la intervención del Excelentísimo Señor Presidente de la República del Perú, ingeniero Alberto Fujimori Fujimori, ante la 48a. Asamblea General de las Naciones Unidas.

Pero al mejor cazador se le escapa la paloma

Carmen Rissi preguntó a los somnolientos funcionarios diplomáticos si podía encontrarse, a esas horas de la madrugada, un lugar donde obtener ochocientas copias del discurso en castellano y una cantidad semejante en inglés. La explicación que dio para no utilizar la copiadora de la Misión fue que se trataba de un "secreto de estado." Le dieron la dirección de un centro comercial que abre las 24 horas del día y fueron hasta allí en uno de los coches de la Misión. Y una vez que las cajas estuvieron debidamente lacradas y cerradas por un sinfín de cinta engomada, se desplazaron a sus habitaciones y dejaron encargado a un empleado del consulado que traslade esas cajas a las nueve en punto de la mañana a la sede central de la ONU, donde pensaban repartir el documento oficial al final del discurso.

Pero a las nueve de la mañana el encargado del traslado se encontró con un grupo de amigos en los pasillos del hotel donde se alojaba el presidente y su comitiva oficial y se quedó conversando con ellos, con las dos cajas selladas como secreto de estado descansando bajo sus pies, a la vista y paciencia de todo el mundo.

Mientras tanto, en la ONU, los celosos guardianes del secreto estaban al borde de un ataque de nervios, pues no veían por ningún lado las dos dichosas cajas. Y más de un funcionario pensó que su carrera corría el riego de encontrarse con una carta repentina de despido si no aparecían las copias al instante. Y hasta se pensó que una confabulación de periodistas neoyorquinos hubiera secuestrado al empleado, para conocer la primicia mundial antes que nadie.

Pero en la habitación del presidente no se tenía conocimiento del peligro. "El operativo ha salido a pedir de boca," le informó Orellana al presidente. "Todavía es un máximo secreto." Y minutos después, antes de salir rumbo a la sede de la organización mundial, otra escena dramática tuvo lugar. Se encontraban presentes el embajador Guillén e Italo Acha, funcionarios de carrera de la Cancillería peruana.

El embajador Guillén preguntó en qué idioma pensaba Su Excelencia dar el discurso. Fujimori, muy seguro de sí, le contestó que en inglés. Por supuesto que en inglés. Guillén estuvo a punto de sufrir un desmayo. Ensayó una larga explicación que trataba de resaltar el hecho de que los presidentes que asistían a la ONU siempre se dirigían a la Asamblea en sus respectivos idiomas oriundos y que para eso estaban precisamente los intérpretes, quienes traducían simultáneamente el discurso del orador de turno al francés, árabe, chino, inglés y al ruso, además del español, que son los idiomas oficiales de ese organismo mundial. Fujimori no se inmutó. Además, insistió Guillén, se trata en última instancia de un asunto de defender nuestra propia identidad cultural. Fujimori sonrió y le hizo saber que se proponía hablar en inglés. Pero en ese momento a Italo Acha se le ocurrió la brillante idea de sugerirle al presidente que, como el discurso iba a ser trasmitido en cadena al Perú, si hablaba en inglés nadie lo entendería. Fujimori meditó en silencio unos segundos y aceptó al final la sugerencia de los diplomáticos. Hablaría en castellano. A los dos funcionarios les volvió entonces el alma al cuerpo. Y todos aquellos que escucharon los días anteriores el extrañísimo y poco entendible acento con el que Fujimori pretende desenvolverse en inglés, no tuvieron que padecer los sobresaltos verbales de las lenguas remotas y milenarias.

Las cajas del misterio

Un funcionario de rango mediano de la Cancillería encontró al técnico en comunicaciones del consulado con las dos cajas bajo sus pies, al lado de la recepción, mientras decenas de personas iban y venían por los pasillos del hotel, preguntándose todos por el tema que abordaría el presidente. "¡Qué haces acá!," le gritó. "¡Esas cajas deberían estar ahora mismo en la ONU!" El empleado le contestó que a él le dieron instrucciones de estar a las nueve en el hotel y no en la sede internacional. Segundos más tarde, las dos cajas fueron llevadas con el máximo celo posible a la galería de VIP de la Asamblea General, donde estaban sentados todos los invitados del presidente, unas setenta personas en total.

Apenas el embajador del Perú ante los Estados Unidos vio las dos cajas le pidió al empleado que le diera una copia del discurso presidencial. "No puedo, Embajador," le contestó el chico. "Es confidencial." Y cuando el embajador le preguntó que quién le había dado semejantes órdenes, que ni siquiera él, embajador del Perú ante el gobierno de Clinton podía tener una copia anticipada del discurso de esa sesión, el empleado le dijo "Son órdenes del mismo Presidente de la República, que es jefe suyo y mío."

En efecto, Fujimori dio personalmente estrictas instrucciones para que se repartieran las copias del discurso "inmediatamente después de ese anuncio importante" que iba a hacer. Y cuando algunos le pedían algunas pistas por temor a evaluar equivocadamente la importancia del anuncio -no vaya a ser que esté en el párrafo tres y no en el quince, por ejemplo-, el presidente, con su sonrisa característica, indicaba que no se preocupen, y que era "tan importante que se iban a dar cuenta inmediatamente."

Pero no solamente existieron las instrucciones precisas de no distribuir la copia del documento hasta que no se haya llegado al famoso párrafo quince. El mismo Orellana fue sumamente explícito con todos los funcionarios de carrera de la Cancillería y con los miembros de la numerosa delegación oficial -una de las más grandes de los últimos años que haya visitado la sede de la ONU- en que se tenía que aplaudir "tan pronto como anunciase el señor presidente lo que tenía que anunciar."

Y al igual que los asustados miembros de la Cancillería peruana, todos los parlamentarios oficialistas temieron, igualmente, que a lo mejor terminaban aplaudiendo un párrafo antes o un párrafo después y decidieron concentrarse al máximo en el discurso desde las primeras palabras. Y así lo hicieron. Pero esperaron en vano por un buen rato.

Los hombres del presidente

Cuando la delegación peruana se encontraba cómodamente instalada en la galería de invitados especiales -invitaciones que suele cursar la representación diplomática de cada país- ocupando la mitad de los asientos disponibles, unos ciento veinte en total, algunos incautos fueron sorprendidos pues en lugar del presidente Fujimori apareció el presidente de Guyana, Excelentísimo Doctor Cheddi B. Jagan, quien habló en inglés, su idioma natal, por más de cuarenta minutos.

Los parlamentarios peruanos trataron de seguir el discurso de Jagan con alguna atención, poniéndose los audífonos para escuchar al intérprete, pero luego desistieron de seguir un pensamiento que les resultaba probablemente exótico y se pusieron más bien a hacer entre sí todo tipo de pronósticos sobre el contenido del discurso del Jefe de Estado. Julio Vera, presidente del directorio de Canal 9, se arrancó los audífonos tan pronto como pudo y se dedicó, como muchos de sus colegas, a tratar de entender por qué a esas horas la sala de delegados de la Asamblea General estaba prácticamente vacía, con funcionarios de segunda y tercera categoría en sus respectivas delegaciones, pues no hubo esa mañana ningún jefe de estado presidiendo su respectiva delegación -de los muchos que visitan a Nueva York durante esta semana- ni tampoco ningún canciller -de las decenas que hay en estos momentos en esta ciudad, a propósito de la Asamblea- ni ningún embajador, jefe de la delegación de su país. Todos los asistentes a la raleada sesión de la Asamblea estaban allí en cumplimiento de estrictas costumbres burocráticas establecidas desde el origen mismo de la ONU.

Por lo demás, el presidente peruano era el segundo orador de una jornada poco edificante, pues continuaba después con el discurso de orden del Canciller de Venezuela, Fernando Ochoa, y seguía más tarde con el discurso de Su Majestad Wswati III, Jefe de Estado del Reino de Swazilandia, y continuaba con el del Primer Ministro de Malasia, Dr. Dató Seri Mahathir Mahamad y terminaba con el de Su Excelencia La Begum Khaleda Zia, Primera Ministra de la República de Bangla Desh. En ese concierto de apellidos, el de Fujimori era para la delegación peruana el único pronunciable. Y el único importante.

Por eso, cuando Jagan terminó su discurso, muchos sintieron que había terminado el partido preliminar y que ahora empezaba el de fondo.

Una carta-bomba

El protocolo diplomático indica que el Presidente de la Asamblea invita al jefe de delegación visitante a esperar en un salón contiguo y luego sentarse en una silla que da frente al auditorio. Y más tarde, luego de la presentación formal del visitante, éste sube al estrado donde pronuncia su discurso. El mismo protocolo establece que cada discurso debe empezar dirigiéndose al Secretario General y al Presidente de la Asamblea, con frases precisas y prefabricadas que por norma ninguna delegación elude. Hasta el propio presidente Clinton tuvo que iniciar su discurso con esas fórmulas de rigor pero, al parecer, el clandestino escritor del discurso más secreto de toda nuestra historia diplomática (el de Clinton se sabía, por ejemplo, con dos días de anticipación y hasta fue reseñado por The New York Times en sus páginas interiores), como no era miembro del cuerpo diplomático peruano, simplemente le pareció más impactante, más incisivo, empezar de frente con un simple Señor Presidente. Y nada más. Directo al meollo del asunto.

Conforme fue avanzando en su discurso el Señor Presidente del Perú, la galería de invitados especiales comenzó a agitarse, hasta despertar por completo de su habitual somnolencia a todos los delegados matinales de la Asamblea General, cuando se llegó al famoso párrafo quince, pues estallaron, con una emoción irreprimible, en un aplauso estentóreo, masivo, coordinado, cuando Fujimori llegó a pronunciar las palabras sagradas del acertijo que a muchos desveló la noche entera. Y desde ese momento volvieron a coincidir con precisión matemática, aplaudiendo después de tal o cual entonación, y al final de tal o cual párrafo.

Una periodista española, que veía desde la sala de corresponsales de prensa la trasmisión del discurso, llegó corriendo hasta la galería de prensa de la Asamblea, pues por un momento pensó que el presidente Fujimori estaba siendo aplaudido por los propios miembros de la Asamblea de Delegados. Y era aplaudido muchas veces más que el propio presidente Clinton, quien la semana pasada convirtió a la sede de la ONU en un verdadero infierno para cualquier periodista, pues era imposible tratar de conseguir un mínimo espacio desde el cual seguir su discurso, ya sea en televisión o desde la sala de prensa de la Asamblea, en la que había que inscribirse hasta con dos días de anticipación. En aquella oportunidad, los delegados lo aplaudieron unánimemente en tres ocasiones. Y los invitados especiales de la presidencia estadounidense guardaron en todo momento la compostura, evitando generar iniciativas propias de aplausos desmedidos.

Y cuando el presidente Fujimori terminó de leer el párrafo quince de su discurso -aquel que se desplazaba velozmente la noche anterior en la pantalla de la computadora de la Misión ante los ojos de la asustada funcionaria diplomática- inmediatamente después los funcionarios de la Cancillería empezaron a repartir las copias del discurso a todos los visitantes. El secreto por fin había sido revelado.

Y como volvió a repetir el parlamentario peruano a su amigo neoyorquino por la noche, "habremos perdido la clasificación, pero hemos derrotado a Sendero."

Las sombras del misterio

Observadores internacionales independientes consultados coincidieron unánimemente en señalar que el propósito fundamental del viaje presidencial fue lanzar una campaña publicitaria minuciosamente planificada, para levantar la imagen presidencial. Prueba de ello son las distintas reuniones sostenidas por Fujimori con las juntas editoriales de diversas publicaciones estadounidenses de peso, gestionadas previamente por la Cancillería, pero que no impidió sin embargo disolver el muro de silencio que rodeó a todas las presentaciones públicas del presidente. Ningún diario en inglés de Nueva York ofreció a sus lectores la más mínima información sobre el viaje del presidente. Hasta el momento de la carta, por supuesto, en que es glosada su intervención en páginas interiores, tal como lo hace hoy el The New York Times en su página 5, en una información a cuatro columnas.

Y pasó completamente desapercibido por dos razones. La primera de ellas es porque la semana en que llegó Fujimori a Nueva York lo hizo también el presidente estadounidense Bill Clinton, quien regresaba a esta ciudad por primera vez desde que fue electo. Su discurso ante las Naciones Unidas era sumamente esperado por todo el mundo y hasta las mismas Naciones Unidas, en tanto organismo mundial, estaba sumamente interesada en oír la primera intervención sustanciosa de Clinton sobre política internacional y en saber, sobre todo, si Estados Unidos pagaría sus cuotas atrasadas, sin cuyo dinero la ONU corre el riego de declararse en bancarrota.

La segunda razón tiene que ver con la política interna estadounidense. Todo el mundo está inmerso en un debate público y amplio sobre la propuesta del presidente Clinton de otorgar un seguro médico universal a todos los ciudadanos y residentes legales de este país. Páginas enteras son dedicadas de lleno a este debate y no hay programa de televisión que no ofrezca debates entre connotadas figuras del mundo de la industria médica y de seguros de Estados Unidos. Y también porque Hillary Clinton, la diseñadora del proyecto, ha sorprendido a todos sus conciudadanos con su enorme sabiduría técnica para abordar un tema notablemente espinoso. A nivel local, en Nueva York, la historia va por otro lado. El tema principal lo es, hoy en día, el juicio público a la corrupción policial.

El Perú o alguna institución amiga del país compró dos páginas enteras del The New York Times para colocar avisos donde se llamaba a invertir en el Perú, pero con tan mal tino que uno de los empresarios anunciados, Paul Soros, ejecutivo de una compañía multinacional especializada en ingeniería portuaria, y uno de los máximos líderes de las finanzas mundiales, declara en ese mismo aviso que la mejor oportunidad para ganar dinero en cualquier país es cuando se pasa de una situación desastrosa -como lo estaba el Perú- a una mala. El consuelo que allí se ofrece es el abandono del desastre y el hecho de haber arribado a "lo malo." Apenas un peldaño más arriba en la escala del subdesarrollo.

La estrategia de impacto del anuncio se vio asimismo debilitada porque en la misma sección donde salió el aviso la única información que aparecía sobre el Perú era el diferendo que mantenían Estados

Unidos y el Perú por el derribamiento del avión C-130 norteamericano.

El presidente tendrá que esperar para ver si sus reuniones personales con las juntas editoriales de los periódicos y revistas visitados modifican la línea informativa habitual de los grandes medios sobre el Perú y se comprometen en conjunto a apuntalar la nueva imagen que se propone inyectar la presidencia.

La inversión extranjera

Pero el objetivo central de la visita, según otros diplomáticos latinoamericanos, es más bien convertir al Perú en una plataforma ideal para atraer la inversión extranjera. Más allá del precio de los cubiertos de cada banquete -y al cual asistieron empresarios y amigos del Perú- las claves para entender el posible éxito de la estrategia peruana están en otro lado. La tarea de atraer la inversión extranjera y mejorar la imagen política del gobierno peruano dentro de la administración estadounidense, pareciera que ha sido delegada a Henry Kissinger, tal vez el miembro más prominente de la comunidad judía en Nueva York y, en su calidad de ex Secretario de Estado, dueño de una estructura de influencias que podría beneficiar enormemente al Perú. Fujimori cenó con el influyente político estadounidense y es muy probable que la empresa de relaciones públicas de Henry Kissinger facture al final de sus gestiones al gobierno peruano, sobre todo si consigue revertir la tenue relación personal que existe entre Clinton y Fujimori.

Los periodistas neoyorquinos se hacían eco de los rumores de que la imagen del presidente peruano despierta escaso interés en Clinton. En todo caso, parece que el sentimiento es mutuo, porque Fujimori dejó de asistir a las dos cenas organizadas por sus anfitriones. La primera de ellas ocurrió por una indisposición estomacal de Fujimori, que le impidió asistir a la cena que Clinton ofrecía a los presidentes latinoamericanos. Pero Fujimori tampoco asistió a la cena ofrecida por el Secretario de Estado estadounidense, Warren Christopher, a los presidentes y jefes de estado que se encuentran en Nueva York.

A lo mejor Fujimori volvió a padecer otra indigestión de bacalao. Pero eso tendrá que confirmarlo su secretario de prensa.

La buena estrella del presidente

Sin duda alguna, descuidar el plano de la relación personal con Clinton puede afectar más adelante un diálogo fluido entre ambos mandatarios. Como el propio presidente colombiano César Gaviria nos manifestara, horas después de su reunión personal y privada de treinta minutos con el presidente estadounidense, "cultivar una relación personal con Clinton es vital para los intereses políticos del gobierno colombiano." Gaviria no sólo mantuvo un diálogo personal fructífero con Clinton. Se sentó siempre a su lado. En la cena ofrecida por el Secretario General de las Naciones Unidas, el presidente Fujimori estuvo sentado en una enorme mesa redonda a ocho sillas de distancia del presidente Clinton. Imposible intercambiar siquiera comentarios sobre las dificultades de la digestión a la hora de los postres.

Pero el presidente peruano tiene buena suerte, una buena estrella que lo ampara. Su encuentro absolutamente circunstancial y fortuito con el presidente Bush en el pasadizo del hotel Waldorf Astoria parecería confirmarlo. Bush fue allí a visitar a la esposa del general Colin Powell, quien acaba de pasar al retiro como Jefe del Estado Mayor de las Fuerzas Armadas estadounidenses y se encontró, al abrirse un ascensor, con el presidente peruano

Fujimori, a quien conoció en la Conferencia antidrogas de San Antonio, Texas. Después de unas palabras habituales de cortesía y la foto respectiva, ambos se despidieron con la misma cortesía que produce cualquier encuentro fortuito.

Otros dicen sin embargo que Fujimori despierta simpatía en algunos círculos. Cuando le tocó presentar al presidente Clinton a su nuevo Canciller, Efraín Goldenberg, cuentan que el presidente Clinton les hizo una broma, preguntándoles qué hacían en la política peruana un apellido japonés y un apellido judío tan notorios. Y a renglón seguido comentó si creían que existía alguna oportunidad para que un Clinton intervenga en la política peruana.

De todas formas, el viaje presidencial recobró fuerzas casi al borde de las escalinatas del avión de regreso, con el tema de la carta de Abimael.

Lo que aquí se preguntan los observadores y conocedores de la lejana realidad peruana, es que si el gobierno no se está haciendo a sí mismo el harakiri. Y se explican de la siguiente manera.

Reacciones finales al discurso

Más allá del hecho de que el foro de las Naciones Unidas no era el podio natural para propagandizar la carta de Abimael, con el riesgo que implica convertir a un sepultado Abimael en sujeto de atención internacional; más allá incluso de la sospecha de algunos de que pudo obtenerse la carta bajo presión o que haya sido incluso hasta fabricada -hipótesis que circularon profusamente al final del discurso y que el propio presidente enfrentó en la conferencia de prensa posterior a su discurso-, el temor de algunos es que, al no aceptarse la propuesta de paz de Abimael ahora, si Sendero desencadena en el futuro una nueva ola de crímenes y asesinatos, serán atribuidos directamente a la falta de ese acuerdo de paz. Y el gobierno de Fujimori será el principal responsable.

Pero como volvía a repetir el parlamentario oficialista en el mismo pasillo del hotel, no importa que se pierda la clasificación. Hemos derrotado a Sendero. Y lo hemos hecho desde las mismas Naciones Unidas, el foro mundial por excelencia.

Mientras tanto, a pocas cuadras de distancia, en el Madison Square Garden, Paul Simon canta ante una multitud de entusiastas admiradores suyos. Y al mismo tiempo que la delegación parlamentaria aborda el avión que los conducirá rumbo a Lima, desde el estrado de luces multicolores, Simon nos canta lo siguiente: "I said breakdowns come and breakdowns go... So what are you going to do about it ... that's what I 'd like to know." "He dicho que las crisis van y las crisis vienen... Entonces qué vas a hacer al respecto... Eso es lo que me gustaría saber."

LA ECONOMIA POR DELANTE

"**D**ios está de mi parte," confesó hace unos días el presidente George Bush a una entusiasta muchedumbre de fieles congregados para escuchar las nuevas promesas y los últimos arrepentimientos de su candidato. "En la plataforma demócrata -insistió- en ningún momento aparece la palabra Dios." Y como un apacible inquisidor del idioma o un guardián insobornable de la profunda fe del pueblo estadounidense, inmediatamente después aclaró que en la plataforma de su partido, en cambio, dicho vocablo aparece algo así como 60 veces. En el programa republicano, Dios aparece entonces más que en el Padrenuestro, más que en el Ave María o en el Credo católico.

Pero con ese acto de fe lo único que hacía el presidente era cumplir al pie de la letra las líneas matrices de la táctica electoral republicana aprobada por la jerarquía de su partido y seguida militantemente por su candidato. No sólo Dios estaba de su lado. También eran los protectores de los valores familiares y las tradiciones conservadoras que, en su opinión, los demócratas tratarán de arrasar, si acaso llegaran a triunfar en las próximas elecciones de noviembre. En realidad, los seguidores del contrincante de Bush son, en opinión de sus adversarios, peores que el diablo y tan enfermos como Calígula. Señora, meta a su hija en casa que allí viene un demócrata, podría ser el lema de los extremistas, el grito de guerra de aquellos insurrectos levantados en defensa de los sagrados valores amenazados por quienes hasta hoy encabezan todas las encuestas por más de diez puntos de diferencia.

Pat Buchanan, ese viejo saurio de la extrema derecha estadounidense -para quienes Bush es una especie de Noriega infiltrado o un liberal escondido en el armario-, subió al podio de la última convención republicana dispuesto a representar fielmente los intereses de su tendencia ideológica y levantó su espada bien en alto, para que todo el mundo lo viera. "En este país, lo que necesitamos es una guerra religiosa," gritó. "Esta guerra tiene que librarse por el alma de América. Y en esa lucha por el alma de América, Clinton y Clinton (es decir Al Gore, el candidato a la vicepresidencia demócrata) están en el otro lado. Pero George Bush está de nuestro lado."

Cantos de sirena

Hasta hace unos días, la estrategia electoral republicana consistió en darle forma a todos aquellos cantos de sirena con los cuales inútilmente han tratado de seducir a la audiencia estadounidense, evitando pisar el palito (que a estas alturas es algo así como un bosque entero) tendido por los demócratas desde el inicio mismo de la campaña: el tema crucial de estos días es la discusión de los enormes problemas económicos que afronta esta inmensa nación, después de doce años de conducción republicana, han dicho hasta el cansancio los demócratas. Pero los únicos que no están dispuestos a meterse al bosque frondoso de las adversas cifras estadísticas son los seguidores de Bush.

Hasta hace unos días, los republicanos insistían en que Hillary Clinton, en un artículo universitario escrito hace quince años y pésimamente reseñado por sus críticos, alentaba a los hijos de familia a enjuiciar por la vía legal a sus progenitores, si estos no le proporcionaban medios adecuados de subsistencia. O que era una feminista radical que favorece no solamente el aborto, sino la destrucción del concepto mismo de familia. Que aproximadamente el 8% de la población económicamente activa esté absolutamente desempleada -sin contar a los subempleados- y viviendo en niveles de vida sólo comparables a los países africanos más subdesarrollados, no era, de ningún modo, un tema de campaña. Tampoco los treinta millones de estadounidenses que están viviendo por debajo del umbral de la pobreza, según cifras oficiales divulgadas en la última semana. En opinión de los estrategas republicanos, lo que realmente interesa es que Bill Clinton eludió hace veinte años el servicio militar para evitar comprometerse con una guerra en la cual él no creía, y por la cual no estaba dispuesto a sacrificar su propia vida, como el mismo Clinton ha sugerido. "Siempre he creído que la guerra de Vietnam fue moralmente incorrecta, pues dividió profundamente al pueblo norteamericano," ha dicho el candidato demócrata.

La guerra santa prometida

Y apenas hace unos días, el viernes 11 de setiembre, Clinton acusó a los republicanos de promover la intolerancia y la segregación religiosa en Estados Unidos. "Quiero una América que haga algo más que hablar de valores familiares. Quiero una América que valore a la familia," replicó el demócrata, aclarando que, en su opinión, "América no necesita una guerra religiosa. Lo que América necesita es una reafirmación de los valores que, para muchos de nosotros, están enraizados en nuestra fe religiosa." Baptista convicto y confeso, sus palabras las pronunció en la universidad de Notre Dame de Indiana, una de las universidades católicas más importantes de este país. Hillary Clinton, sentada a su lado, lo aplaudió con insistencia.

Pero el gran viraje táctico producido en los últimos días en las barracas republicanas no se debe a la tímida contraofensiva demócrata. Si bien es cierto que Clinton está respondiendo a cada una de las acusaciones del campo contrario, tratando al mismo tiempo de atraer a los republicanos hacia el terreno económico, el sorpresivo cambio de táctica electoral se debe al poco interés que han despertado en el electorado estadounidense los temas republicanos, aquellos que han quedado desperdigados en el suelo como estandartes estropeados después de una guerra fulminante: Dios, patria, la familia. Según revelaron las encuestas, menos del 10% del electorado estadounidense está interesado en escuchar discusiones sobre los valores familiares o las inclinaciones ideológicas de Dios. En realidad, hasta hoy lo único que interesa es saber si con el mismo ingreso familiar se podrá subsistir o vivir mejor en los próximos cuatro años. En 1950, por ejemplo, con un solo ingreso familiar se podía hipotecar una casa y comprarse un automóvil del año. Hoy es imposible hacerlo, incluso añadiendo al ingreso familiar el sueldo de la esposa o las propinas del hijo.

El fracaso de la estrategia republicana en el primer tramo de la campaña electoral ha obligado a una recomposición general de los ejes temáticos que inútilmente trataron de imponer los seguidores de Bush. James Baker, amigo personal del presidente, tuvo que abandonar la conducción de la diplomacia estadounidense y dedicarse a reconstruir los sensibles y delicados hilos de la reelección y de cuyo tejido final depende incluso su propia supervivencia política. El primer remezón al interior de las tiendas republicanas fue la adopción dolorosa de un largo calvario que los ha obligado a recorrer la empinada cuesta de la crisis económica. Es como el paciente que, sentado en el diván, se confronta a sí mismo con sus propias fantasías y termina aceptando la dolorosa realidad de la cual huye. Baker ha exigido realismo y la Casa Blanca ha empezado a pisar las empantanadas tierras del adversario, cambiando por completo el énfasis de su campaña.

Las promesas del presidente

El primero de setiembre, después de soportar las intensas críticas de sus adversarios que le señalaban una reacción tardía frente a uno de los peores desastres naturales en la historia de este país, como fue el paso destructor del huracán Andrés por las costas del estado de La Florida, el presidente Bush anunció el compromiso financiero del gobierno federal para ayudar a la reconstrucción de las escuelas, puentes, hospitales y carreteras afectados. Prometió también reedificar la base aérea de Homestead y solicitó al Congreso la asignación de una partida de 7.6 mil millones de dólares para ayudar a las víctimas del huracán.

Al día siguiente se desplazó hasta las plantas paradas de la General Dynamics Corporation en Texas y anunció allí la aprobación de un contrato de venta de 150 aviones F-16 (uno de los modelos más avanzados de la aviación mundial) a Taiwán, con la esperanza de inyectar 6 billones de dólares a la industria de guerra estadounidense, prácticamente paralizada después de la guerra con Irak y de cuya competitividad en el mercado mundial dependen cientos de miles de empleados. Una vez hecho el anuncio, la Casa Blanca se apresuró a señalar que ese contrato permitiría salvar 40.000 puestos de trabajo.

Por la tarde de ese mismo día llegó hasta una granja en Humboldt, Texas, y anunció la aprobación de un subsidio federal de 1 billón de dólares a los granjeros que exportan granos al exterior. Prometió también 775 millones adicionales a los agricultores afectados por el huracán y las inundaciones que afectaron el año pasado el este de Texas.

Pero las promesas no quedaron allí. El viernes 11 de setiembre, hablando ante una audiencia de trabajadores de la McDonnell Douglas Corporation, el presidente Bush anunció la aprobación federal de una venta global de 72 aviones F-15 a Arabia Saudita por un monto total de 9 billones de dólares, inversión que supondría salvar los puestos de trabajo a más de nueve mil trabajadores. Y el último sábado anunció el levantamiento de las restricciones legislativas impuestas a la venta de seis satélites de comunicaciones nada menos que a China comunista, una decisión que involucraría más de 650 millones de dólares y que suprime prácticamente las restricciones comerciales impuestas a ese país después de los levantamientos prodemocráticos de la Plaza de Tian-An-Men, ocurridos en 1989. Parece entonces que Baker no ha exigido sólo realismo. Ha pedido también que se abran las arcas federales y se tomen medidas políticas que salven a la administración republicana del espantoso marasmo en el que se encontraba, sin iniciativas de ninguna clase.

El todo por el todo

Consciente de su propia debilidad electoral y de su obligación de convencer al electorado estadounidense de que tiene un plan coherente capaz de alcanzar la prosperidad económica de su pueblo, el presidente Bush acaba de hacer algo que ningún otro presidente ha hecho al fin de su mandato: explicar su política económica. Severamente golpeado por la estrategia demócrata de discutir primero el estado económico del país, antes que hablar de su condición de única superpotencia mundial o de sus luchas por la democracia en el exterior, los estrategas que aconsejan a Bush han llegado a la conclusión de que es hora de empaquetar todas las propuestas económicas de los últimos doce años en lo que han llamado "un único programa y una estrategia unificada."

Y han contratado por primera vez en la historia electoral de Estados Unidos cuatro espacios publicitarios de cinco minutos de duración cada uno en las cuatro cadenas nacionales de televisión, para presentar al electorado estadounidense los detalles de ese nuevo plan económico febrilmente trabajado por Baker y sus asesores, a modo de tabla de salvación, la única posibilidad de evitar el naufragio. "Señor Bush, bienvenido al debate," tituló en su editorial del último viernes el *The New York Times*. El programa económico del presidente Bush revela su candidez y falta de substancia, escribió el periódico neoyorquino y desmenuzó en menos de una página las propuestas económicas del presidente.

David Rosenbaum, columnista del mismo periódico, escribió a propósito del plan: "Si Bush favorece ahora la adopción de nuevas y audaces ideas económicas para encarar los problemas económicos del país, ¿porqué recién ahora está tratando de hacer algo por mejorar la economía?" "Si él hoy declara, como muchos economistas creen, que la debilidad de la economía hoy es el resultado de las sobreindulgencias de los ochentas, entonces él (Bush) está en la posición de criticar la política (económica) de la administración Reagan. El fue parte de esa administración, y su campaña electoral cuatro años atrás estuvo basada precisamente en la glorificación de esa herencia económico," concluía el periodista.

Otro analista político del ala conservadora republicana, ha señalado que "habiendo admitido la administración Bush que la economía es el principal campo de batalla, Clinton enviará allí su división pesada de tanques, que hasta hoy ha estado bajo tierra."

Los estrategas demócratas deben estar hoy en día calentando los motores de su maquinaria central de campaña. Por fin pisaron el palito, dirán los asesores de Clinton. Ha llegado para todos la hora de la verdad. Quien gane esta batalla, ganará la Casa Blanca.

EL SUEÑO AMERICANO

Ubicado en el corazón de la isla de Manhattan, el Madison Square Garden, el coliseo más importante de la ciudad donde suelen desfilar estrellas del rock y se organizan los torneos nacionales de basquetbol y competencias sobre hielo, albergó por cuatro días la 41a. Convención Nacional del partido Demócrata, tal vez el evento más importante de esa organización política en los últimos treinta años.

Mientras en las afueras del local se congregaban diariamente grupos de protestantes de toda índole -defensores de los derechos de los animales, organizaciones a favor o en contra del aborto, los que demandan impedir el genocidio en Croacia, Bosnia y Kosovo, etc.-, los primeros días la atención de la opinión pública estadounidense estuvo concentrada en las decisiones que tomarían los 4.288 delegados demócratas, provenientes de todos los rincones del país.

Y aun cuando Bill Clinton tenía la nominación prácticamente asegurada desde mucho antes de la Convención, pues llegaba con una aplastante mayoría de votos comprometidos (2.732 delegados), pequeños grupos disidentes al interior del partido prometían una lucha sin cuartel, con la esperanza de imponer en la plataforma política -aprobada el penúltimo día- algunos de sus puntos de vista. Jerry Brown, el ex gobernador de California y representante del ala liberal del partido, tendencia derrotada en las elecciones primarias, tenía aproximadamente 609 delegados asegurados y pensaba convertir los cuatro millones de votos que obtuvo su candidatura, en una poderosa base de negociación interna. Paul Tsongas, el conservador candidato que se retiró en los primeros tramos de las elecciones primarias, había asegurado, por el contrario, su apoyo irrestricto a Bill Clinton, el actual gobernador de Arkansas, endosándole sus 533 delegados comprometidos.

"No se trata de apoyar o no al candidato," dijo Brown, horas antes de la ceremonia de inauguración de la Convención. "Hay una tercera opción y es la de mejorar al candidato y al partido." Brown deseaba que el partido incluya en su plataforma un límite preciso a los períodos de los congresistas, un máximo de cien dólares para las contribuciones a las campañas políticas, el incremento de un dólar al salario mínimo vital (que está en 4.25 la hora) y su oposición al tratado de libre comercio con México. Pero el otro dirigente del ala liberal del partido, el pastor negro Jesse Jackson, abanderado de la minoría negra e hispana de este país, declaró sin ambages su apoyo irrestricto y sin condiciones al robustecido gobernador de Arkansas. Esas declaraciones contrastaban con las que expresó al enterarse de la selección del senador Al Gore como vicepresidente en la fórmula de Clinton. "Se requieren dos alas para volar y aquí tenemos dos de la misma ala," dijo en esa oportunidad el líder negro. La prensa rumoreó que la alta dirección del partido le impuso el requisito de apoyar inequívocamente al candidato oficial si quería dirigirse durante la convención a los delegados del partido. "Clinton y Gore tienen una oportunidad. Su tarea será la de hacer un país mejor, enmendándolo, reconstruyéndolo y reconciliándolo," declaró entonces Jackson a la cadena televisiva CNN. El único disidente seguía siendo el ex gobernador de California, el niño terrible de los demócratas, Jerry Brown.

Aproximadamente 15.000 periodistas de todo el país y el extranjero cubrieron los eventos políticos más importantes y hubo más de 5.000 invitados, de los cuales 500 fueron personalidades extranjeras. Según el

Instituto Nacional Demócrata de Asuntos Internacionales, de América Latina fueron invitadas representaciones políticas de distintos partidos de Argentina, Bolivia, Brasil, Colombia, Costa Rica, República Dominicana, Ecuador, El Salvador, Guatemala, México, Nicaragua, Panamá, Paraguay, Uruguay y Venezuela. Como se ve, no se invitó a nadie del Perú.

Las demandas del cambio

En medio de un ambiente de verdadera fiesta popular, el lunes 13 de julio, a las cinco de la tarde en punto, el presidente del partido Demócrata, Ron Brown, declaró inaugurada la Convención declarando que "Nueva York es el inicio (de la campaña) y la Casa Blanca es la meta." Añadió también que "el pueblo estadounidense pide el cambio y quiere hacer del partido demócrata su instrumento," señalando de ese modo la orientación estratégica de su partido: convertirse en vehículo de ese reclamo que se escucha insistentemente en este país, al menos en los últimos cuatro años: la necesidad de cambiarlo todo, empezando por el sistema político tradicional.

Horas antes del inicio de la ceremonia inaugural, las últimas encuestas arrojaban resultados verdaderamente sorprendentes, pues revertían la tendencia predominante de los últimos meses, en las que siempre aparecía el presidente George Bush a la cabeza de las intenciones de voto, seguido muy de cerca -o superado en otras ocasiones- por el aspirante sorpresa de la contienda electoral: el multimillonario Ross Perot. Clinton siempre estuvo en el último lugar de las preferencias electorales. Perseguido por escándalos de todo tipo, especialmente aquel que lo vinculaba sentimentalmente por más de doce años con una cantante de un club nocturno, hecho vigorosamente desmentido por el candidato demócrata, Clinton empezó a remontar poco a poco las turbulentas aguas preelectorales y llegó a las puertas de la Convención con resultados tímidamente favorables: el 11 de julio, un sondeo conjunto de la revista Time y la cadena CNN, revelaba que Clinton, después de designar al joven congresista Al Gore como compañero de su fórmula presidencial, obtenía el respaldo del 28 por ciento del electorado, mientras que Bush y Ross Perot descendían al 26 por ciento. Otras encuestas independientes practicadas en los días posteriores confirmaron el resurgimiento de la candidatura de Clinton.

El estrado oficial de la convención era un inmenso tabladillo de treinta metros de alto, construido a la manera de una bandera ondulante y desplegada al viento, en cuyos pliegues se levantaban las plataformas para los oradores y los invitados. Al centro de la tribuna sobresalía una inmensa pantalla compuesta por más de 56 pantallas de televisión, que podían reproducir cada una de ellas imágenes independientes o generar una sola imagen de conjunto, además de otras dos pantallas gigantes de video ubicadas en los extremos del tabladillo, donde se reproducían las imágenes en primer plano de los oradores. "La convención es un circo," se quejó el cineasta Oliver Stone, delegado comprometido con Jerry Brown. "Se parece a Las Vegas."

Durante los cuatro días de la convención, todos los oradores expresaron sus rotundas quejas contra la administración republicana y culparon al gobierno de Bush como responsable de la crisis económica que inocultablemente afecta a este país. La gobernadora demócrata del estado de Texas, Ann Richards, dijo la primera noche que, al término de la campaña electoral, con toda seguridad se iba a escuchar el siguiente diálogo en los dormitorios de la Casa Blanca: "Cariño, apaga la luz porque la fiesta ha terminado." Otra representante de Texas, la ex congresista Barbara Jordan, enfatizó igualmente que "el gran sueño estadounidense se esfuma y sabemos donde encontrar al responsable: se encuentra en la Casa Blanca." Por su parte, el gobernador del estado de Georgia señaló que este año, "la elección es muy clara: hay una competencia entre un aristócrata, un autócrata y un demócrata."

La reconstrucción de las ciudades, las deficiencias del sistema de seguridad social, el desempleo y la recesión económica, así como la pérdida de competitividad de la economía estadounidense frente a sus rivales comerciales mundiales, fueron los temas que todos y cada uno de los oradores desarrollaron a lo largo de la convención.

El programa demócrata

La evaluación política de los estrategas del partido demócrata consiste en señalar que el partido republicano, en los doce años que lleva en el poder, se ha desplazado hacia la extrema derecha del espectro político nacional, dejando un vacío al centro. En ese espacio surgió la candidatura de Ross Perot, la misma que expresa el descontento del electorado independiente y de la clase media estadounidense por la descomposición social y económica que se profundiza más cada día que pasa.

Según estos analistas, el sector social comprometido con Perot exige un cambio profundo de las estructuras políticas y económicas aún vigentes. De tal modo, el equipo de campaña de Bill Clinton concluyó que la única manera de derrotar tanto a Bush como a Perot era desplazando al partido demócrata hacia el centro del espectro político, para disputar el clientelaje político de Perot, así como arrebatar de las manos del multimillonario tejano la promesa de cambio y afirmarla, más bien, en el seno de la estrategia electoral demócrata. Se concluyó que más del 70 por ciento del electorado estadounidense está por el cambio y que los únicos que expresaban políticamente esa demanda eran el partido demócrata y Ross Perot. Por lo tanto, la táctica electoral de la campaña demócrata tenía que demostrar al electorado que los únicos verdaderamente comprometidos con el cambio eran ellos, y no el millonario. Esto suponía disputarle a Ross Perot su base social de apoyo, puesto que Bush de ninguna manera iba a beneficiarse con ese electorado descontento, pues su candidatura de ninguna manera podría expresar la profunda exigencia de cambio que estremece hoy en día al electorado norteamericano.

Durante la convención, lo primero que se hizo fue tratar de plasmar esas orientaciones estratégicas en el programa o en la plataforma electoral del partido, debilitando cualquier reminiscencia liberal y fortaleciendo, por el contrario, sus aspectos programáticos moderados. Eso significaba en la práctica mover al partido en su conjunto hacia el centro, hacia ese espacio vacío abandonado por los republicanos y ocupado provisionalmente por Perot. Es decir, convertir al partido demócrata en una organización de centro-derecha, con el fin de disputar la hegemonía de Perot y con la intención de captar al electorado republicano descontento con Bush. La aplicación de esa táctica electoral implicaba también elegir a una candidatura sureña -principal bastión republicano- y proponer una alianza directa con la clase media, el sector social que en Estados Unidos ha decidido las tres últimas elecciones.

La plataforma demócrata está contenida en un texto de más de 8.000 palabras y fue el resultado de intensas negociaciones entre las dos alas del partido, aunque el resultado final recoge ampliamente las posiciones suscritas por el ala conservadora del partido.

El programa postula el apoyo irrestricto al derecho al aborto, la imposición de tributos fiscales a los grupos más ricos del país (aquellos que ganan por encima de los 200.000 dólares anuales), se asegura a los homosexuales la ampliación y protección de sus derechos civiles y se propone un plan de seguro médico universal, así como un sistema de protección social a los desempleados por un período máximo de dos años, al cabo de los cuales el estado se compromete a conseguirles empleo. La plataforma subraya la apertura económica hacia el exterior, la defensa del libre cambio y la defensa del medio ambiente a nivel nacional y su promoción a nivel mundial. Preconiza asimismo un modelo de crecimiento interno basado en la inversión interna y no en la exportación de puestos de trabajo al exterior.

En cuanto a su política externa, el partido demócrata considera que el factor central de influencia internacional de los Estados Unidos es su economía, por lo que debe primero resolver sus problemas económicos internos para fortalecer su rol mundial. Samuel Berger, abogado y ex funcionario del Departamento de Estado durante la administración del presidente Carter y uno de los más cercanos colaboradores de Bill Clinton, dijo que "la primera prioridad de la política exterior es restaurar la fuerza y vitalidad estadounidense interna," admitiendo también que se recortarán los gastos militares por lo menos en cien mil millones de dólares más de los que propone Bush, destinando esa suma a la reconstrucción de la deteriorada economía interna de la nación. Sin embargo, no se prevén grandes cambios radicales en materia de política exterior.

La coronación de Clinton

Después de aprobar por aclamación la plataforma electoral, los delegados esperaron con ansias el momento culminante de la convención: el discurso de aceptación de la candidatura demócrata de Bill Clinton.

Cuatro años atrás, Bill Clinton, quien también era por entonces gobernador de Arkansas, el gobernador más joven del país, fue encargado por la dirección de su partido para hacer el discurso de presentación de Dukakis, quien fuera posteriormente derrotado en forma aplastante por Bush. "Fue, con toda seguridad, el peor discurso de presentación de un candidato presidencial demócrata a lo largo de toda la historia," han señalado al unísono todos los analistas políticos, recordando la pésima intervención de Clinton en la convención demócrata de Atlanta.

Pero en esta ocasión Clinton se preparó para la pelea de su vida. Recluido en su habitación del hotel Intercontinental, con esporádicas salidas a la ciudad y con escaso tiempo para entrevistas con mandatarios internacionales o personalidades políticas de su partido, leyó una y otra vez todos y cada uno de los discursos de aceptación a la candidatura presidencial ofrecidos en los últimos treinta años por sus predecesores. Y cuando le llegó la hora de dirigirse a sus correligionarios, Clinton tuvo que admitir que su discurso de esa noche sería la culminación del que empezó con tan mala fortuna cuatro años atrás.

En medio de una multitudinaria ovación de un público enfervorizado que abarrotaba las instalaciones del Madison Square Garden, Clinton tenía dos motivos adicionales que lo alentaban sobremanera. No era solamente ese respaldo entusiasta y generoso de la muchedumbre congregada esa noche para escucharle pronunciar sus promesas de recuperación del sueño americano y sus agudas críticas al gobernante republicano. Horas antes, en las primeras horas de la mañana, Ross Perot anunciaba su retiro inmediato de la carrera presidencial, aduciendo "la revitalización de la candidatura demócrata." Probablemente Ross Perot tuvo conocimiento de las encuestas que fueron publicadas el 15 de julio. Una de ellas, elaborada por el Washington Post y la cadena televisiva ABC, señalaba que Clinton encabezaba las preferencias con el 41 por ciento de las adhesiones, seguido de lejos por Bush con 30 por ciento y con un Ross Perot reducido a su mínima expresión, arañando apenas el 20 por ciento. Otra encuesta confirmó las mismas cifras. La cadena televisiva CBS News, le daba a Clinton el 41%, a Ross Perot el 30% y a Bush el 15%.

Como dijo esa misma mañana un entristecido Ross Perot, se retiraba en nombre de su reconocida vocación de servicio a la nación, pues de confirmarse las tendencias de las encuestas, el Congreso tendría que elegir al final entre las tres opciones y no el pueblo norteamericano.

Las tácticas electorales de Clinton se cumplieron al pie de la letra. Al mover a su partido hacia el centro del espacio político, el primer afectado fue Perot. Y según los demócratas, a Bush le será imposible crecer sustantivamente entre los perotistas, pues estos prefieren a cualquiera -incluso a Clinton- en lugar de Bush, el agotado presidente de los Estados Unidos. Otras encuestas hechas el viernes por la noche, veinticuatro horas después de finalizada la Convención, confirman lo anterior. El 53% de los votantes de Perot están dispuestos a votar por Clinton, frente a un 35% dispuesto a hacerlo por Bush.

En su discurso, Clinton prometió el cumplimiento minucioso del plan de gobierno demócrata y el relanzamiento del sueño americano. Dibujó un panorama de prosperidad y paz social bajo su gobierno, así como de crecimiento económico y justicia social para las clases más necesitadas. Constantemente interrumpido por los aplausos de sus seguidores, su discurso renovó las esperanzas demócratas de que por fin ha llegado la hora de cederle la posta a una nueva generación de dirigentes políticos que saben combinar el pragmatismo con las viejas tradiciones liberales demócratas y que, por sobre todo, tienen todas las posibilidades de derrotar en noviembre al actual inquilino de la Casa Blanca.

Tal vez alguien diga entonces "Cariño, prende las luces. La fiesta ha comenzado."

CLINTON MIRA HACIA LATINOAMERICA

El tema ausente del debate presidencial entre los tres candidatos estadounidenses que se disputan la presidencia de los Estados Unidos fue, sin duda, las relaciones que cada uno de ellos se propone establecer con América Latina, en caso de ganar las elecciones. Probablemente, ninguno de los panelistas que fueron elegidos por la Comisión de Debates Presidenciales -después de un largo proceso de selección interpartidario- conocía las últimas declaraciones de Bill Clinton sobre Latinoamérica. Si alguien les hubiese alcanzado el texto de las explosivas afirmaciones del candidato demócrata, tal vez alguno de los cuatro periodistas encargados de cuestionar a los aspirantes presidenciales se hubiese atrevido a incluir en su cuestionario el espinoso tema de las propuestas específicas que cada candidato tiene en relación a un continente del cual provienen aproximadamente un diez por ciento de los electores norteamericanos.

En efecto, días antes del debate -el primero de octubre, para ser más exactos- invitado por el Instituto para Asuntos Mundiales de Relaciones Internacionales, ante una audiencia de más de 1000 personalidades que acudían a un evento destinado a analizar las propuestas del candidato demócrata en relación con la política exterior estadounidense, en el Pabst Theater de Milkwaukee, Clinton expresó su preocupación por el curso político de tres países latinoamericanos en particular: Perú, Cuba y Haití. Sin ambages de ningún tipo, Clinton se refirió en esa cita académica -y ante los representantes de más de 35 grupos étnicos- a la necesidad de trabajar para devolverles la democracia a los tres países mencionados. "Tenemos una responsabilidad democrática particular en nuestro propio hemisferio de ayudar para que termine el ciclo de violencia en Haití; y para ayudar a restablecer la democracia en Perú, incluso mientras luchan para acabar con la terrible violencia de Sendero Luminoso," dijo Clinton. En su intervención, catalogada por muchos como la presentación inicial de un primer bosquejo de trabajo de su proyectada política exterior latinoamericana, Clinton añadió que su gobierno ayudaría "a que el régimen represivo cubano se una a sus primos comunistas en el basurero de la historia."

Pero Clinton fue mucho más lejos. Señaló también que "nuestra nación tiene como propósito algo superior que mimar dictadores de cualquier especie y pararse a un costado del movimiento mundial hacia la democracia," agregando que "la gran fortaleza con la que los Estados Unidos puede contar en nuestros días no radica en nuestras relaciones personales con dignatarios internacionales, sino en el poderoso atractivo de nuestros valores democráticos y de nuestras sólidas instituciones políticas." En esta frase aparentemente enigmática, tal vez resida el núcleo central del nuevo enfoque que se propone impulsar Clinton desde la Casa Blanca. ¿A qué dictadura -o a qué dictador- en particular se refería Clinton, si el ámbito de su discurso abarcaba solamente Latinoamérica y Fidel Castro no ha sido, que sepamos, cortejado por Bush? El enigma tal vez pueda ser resuelto más adelante, y posiblemente con la ayuda de los intérpretes oficiales de nuestra cancillería.

"El propósito de Estados Unidos en el mundo no es ser simplemente otro gran poder en la historia. Nosotros tenemos una contribución particular que hacerle a la marcha hacia el progreso humano. Tenemos que dar el ejemplo de cómo una nación de muchas gentes puede cosechar fortaleza de la diversidad. Tenemos que devolverle a un mundo contencioso algunas de las lecciones que hemos aprendido durante nuestro viaje a la democracia," expresó el gobernador del pequeño estado de Arkansas, tratando de perfilar sus propios puntos de vista sobre cómo entiende el candidato demócrata el papel que debe cumplir su país en la promoción de los valores democráticos en el continente sudamericano.

"En Centro y Sudamérica, la revolución democrática ya ha ganado el primer asalto, pero nuestros esfuerzos para fortalecer las frágiles democracias en este hemisferio están todavía demasiado dirigidos al gobierno central y a los ricos," fue otra de sus frases que despertó una ovación entusiasta de todos los asistentes. Y como un tributo a todos aquellos anónimos y dramáticos esfuerzos de construcción de la democracia en la base misma de las empobrecidas estructuras sociales latinoamericanas, el probable próximo presidente de los Estados Unidos concluyó su intervención señalando que "deberíamos hacer algo más para apoyar a aquellos que están luchando para establecer una democracia a nivel de base en Sudamérica y para fortalecer a los valientes pequeños empresarios que tienen que aguantar el peso de la corrupción y la burocracia."

Pero lamentablemente ninguno de los periodistas que estuvieron escudriñando las propuestas de los tres candidatos a la presidencia de los Estados Unidos, supo a tiempo sobre esas declaraciones de Clinton. La gran pregunta ausente durante el primer debate fue desafiar a los eventuales inquilinos de la Casa Blanca para que precisen ante el pueblo estadounidense -y sobre todo, ante los hispanos, que serán en diez años más la minoría étnica más numerosa de Estados Unidos, por encima incluso de la población negra- los planteamientos específicos de cada candidato para transformar cualitativamente el tipo de relación que los republicanos han impuesto a lo largo de doce años de administración y que ha dejado, entre otras perlas, la invasión militar a Panamá y Grenada y el apoyo irrestricto a Inglaterra durante la guerra de las Malvinas.

El primer debate

Los tres candidatos llegaron al primer debate presidencial de la campaña electoral estadounidense atados por una camisa de fuerza, impuesta por los estrategas republicanos. Más que una confrontación de programas e ideas, a los responsables de la dirección de la campaña reeleccionista del presidente George Bush les interesaba sobremanera imponer un formato televisivo que se ajuste a las necesidades electorales de su candidato. Los republicanos rechazaron sucesivamente las propuestas elaboradas por la Comisión de Debates Presidenciales -un organismo no partidario- por considerar que la presencia de un solo moderador podría debilitar la estatura presidencial de su candidato y por temor a las supuestas dotes polemistas del candidato demócrata. Pusieron entonces como condición previa una exigencia formal: el primer debate tendría que parecerse a una conferencia de prensa, formato en el cual, supuestamente, el actual inquilino de la Casa Blanca tiene fama de ser particularmente eficiente. Su familiaridad y espontaneidad, virtudes que derrocha en toda conferencia de prensa, quedaría de ese modo a salvo de cualquier intento de minar su presencia de estadista. Clinton aceptó a regañadientes y Ross Perot, inscrito en las balotas de 50 estados, se animó también a participar de esa especie de "conferencia de prensa entre tres."

En vísperas del debate, Bush llegó a conocer los resultados de una encuesta nacional elaborada por la revista Newsweek en la cual se demostraba que la inmensa mayoría de la población estadounidense rechazaba tajantemente las desesperadas maniobras de último minuto de los republicanos de involucrar a Clinton en una sucia campaña destinada a demostrar que el demócrata no sólo eludió el servicio militar durante la guerra de Vietnam, sino que además organizó en otros países manifestaciones en contra de la política exterior estadounidense de entonces, tratando incluso de vincular un viaje académico a Moscú y Praga realizado por Clinton durante la década de los sesenta con una suerte de intento de solicitar nada menos que la ciudadanía soviética, como expresión de sus sentimientos antibélicos. Además, en sucesivas encuestas nacionales el electorado había expresado inequívocamente sus deseos de escuchar soluciones específicas y concretas, planes programáticos y nuevas propuestas ante la crisis económica que, sin duda, es el protagonista de fondo de las actuales elecciones norteamericanas.

Por otro lado, los dos candidatos menores de la actual carrera presidencial -Bush y Perot- llegaban al debate con la necesidad imperiosa de usar ese espacio -una audiencia calculada en más de setenta millones de telespectadores-, para presentar sus propuestas específicas ante la crisis económica. El electorado estadounidense está cansado de escuchar a Bush los mismos argumentos que ha usado a lo largo de la campaña y cuya utilización no le han significado ninguna mejora sustantiva en su propio caudal electoral, pues desde que empezó la carrera presidencial siempre ha estado por detrás del candidato demócrata, con una diferencia que oscila entre los diez y los quince puntos. En esas condiciones, fracasada la estrategia global republicana para reubicar a su candidato al frente de la contienda electoral, Bush necesitaba imperiosamente ganar. No empatar. Su única posibilidad de sobrevivencia política era utilizar su formato televisivo favorito para proponer al pueblo estadounidense las razones por las cuales él es la persona indicada para permanecer cuatro años más en la Casa Blanca. Esa era, como coinciden en señalar todos los observadores, su meta personal: demostrar que es el único estadista de todos los candidatos, provisto además de una visión del mundo y de una manera de resolver los problemas en casa.

Perot, en cambio, no tenía nada que perder. Llegó al debate desde atrás, muy por debajo incluso de los altísimos promedios que un día lo pusieron a la cabeza de las preferencias electorales, o pisándole siempre los talones al puntero. Llegó a la cita manejando él mismo su propio automóvil y tuvo el descaro de admitir que en ningún momento había ensayado con "dobles" de sus rivales o que con la ayuda de sus asesores se haya dedicado a diseñar una estrategia particular para el debate. "No tengo necesidad alguna de entrenarme, pues me siento en magnífica forma," declaró un día antes del esperado debate. "Seré el primero en llegar."

Los asesores de Clinton, inconformes con el formato adoptado para el primer debate, declararon en las vísperas que su única ambición era conseguir un empate honroso, pues estaban jugando de visitantes. "Esperamos los debates con un solo moderador," dijeron.

Y una vez que terminó el debate —ampliamente reseñado, supongo, por la prensa peruana—, el pueblo estadounidense ratificó sus inclinaciones electorales expresadas en las semanas anteriores: Clinton mantiene la delantera, seguido de lejos por Bush y un sorprendente Perot avasallando por los palos, con un impulso inusitado capaz de desplazar al segundo de su posición, pero sin el tiempo necesario como para alcanzar al puntero al final de la carrera.

Bush cometió dos errores fundamentales que le pueden costar la Casa Blanca: insistió en atacar a Clinton por su oposición militante a la guerra contra Vietnam - ganándose un reproche del candidato demócrata cuando éste le señaló que incluso el padre de George Bush, el por entonces senador por Connecticut, Prescott Bush, fue uno de los primeros en estar en contra de las falsas acusaciones del tristemente célebre Joseph R. McCarthy. El otro error fatal fue prometer que, al día siguiente de las elecciones, pondría al mando de la economía de Estados Unidos, a Jim Baker, artífice de las grandes transformaciones mundiales ocurridas durante su periodo presidencial. Fue como admitir que él no puede hacerlo. O que los grandes éxitos de su diplomacia exterior son atribuibles a un solo hombre: el amigo que desesperadamente trata de salvarlo del descalabro.

Después del primer debate, hay un cartel colocado en la Casa Blanca: se busca un nuevo inquilino.

III. TAMBORES DE GUERRA

LA MEMORIA (IN)VISIBLE

I

El once de setiembre sigue ardiendo en la memoria de todos como el recuerdo de un árbol incendiado en plena lluvia, arrancado de cuajo por un rayo malsano, bajo un cielo encapotado y triste. Para muchos, no hay sosiego alguno en esa pesadilla que se obstina en permanecer en la mente de los televidentes del mundo como si fuese una huella perpetua abandonada por los nómades en el desierto árido y ventoso de la tierra de los talibán, en el otro lado del mundo, allí donde levantaban sus carpas clandestinas los ingenieros del desastre, afilando su odio y su desprecio antes que llegue la noche. Hoy, lo único que nos queda de esa furia sin cuartel contra la historia son escombros de imágenes que se desploman hasta el suelo arrastrando gritos, fuego y polvo. El Corán traicionado. Acero derretido, vigas ennegrecidas, humo asfixiante, una mole monstruosa de polvo arrasándolo todo. Todo. Todo lo que vimos ese día sigue habitando los arrecifes oscuros donde van a morir las quejas de los condenados, los gritos de aquellos seres de todas las naciones que subían las torres piso a piso para mirar a Manhattan desde el punto más alto de la isla. Esos mismos hombres y mujeres —camareros y ejecutivos, overoles y ternos impecables, faldas y bluejeans, coches para niños, bomberos y policías—, fueron castigados sin piedad por las olas de fuego y el estrépito insepulto de los últimos quejidos de aquellos seres sin nombre que arañaron el pasadizo de las vías de escape y que sintieron que de pronto la tierra se les hundía bajo los pies, sin sustento alguno para vencer la gravedad y evitar la caída hacia la nada. Los que murieron ese día en las torres gemelas — un espejismo de arquitectura duplicada, el símbolo económico del imperio— seguramente veían sin cesar a esas mismas horas, en otros días, tan luminosos como el once, las aguas oscuras y tranquilas del East River, discurriendo otra vez sin cesar debajo del Manhattan Bridge, lamiendo las orillas oxidadas y ruinosas del viejo Brooklyn Bridge, como si esas aguas quisieran huir de una vez por todas del espanto de una fecha, apuradas en mezclar sus espumas con el Hudson, ese otro río que baja bramando desde las altas tierras de New York y llega sosegado hasta la punta de la isla, desde donde podían verse las columnas más altas del imperio levantando sus andamios hasta el cielo, retando al firmamento. "Yo fui el primer sorprendido", dice en un poema Enrique Verástegui. Pero ese día yo no fui el último en enterarme. Estuve desde el primer instante del horror, aferrado a mi conciencia de decirlo todo, pero sin herir a nadie. Y cuando todo se desencadenó, ya no hubo marcha atrás en los engranajes de las horribles secuencias que una y otra vez vuelven a tocar las puertas del insomnio como una herencia implacable de nuestros tiempos, un heraldo negro empuñado al viento por los jinetes del apocalipsis, esos caballos desbocados y con el hocico espumante de los perros de presa reflejado en las pupilas, huyendo para siempre de nosotros, dejándonos esa herencia de cascos agitados, estrépito de llantos, nombres incendiados, rostros asfixiados, quejas y lamentos.

—Esta es la muerte—, me dijo un día en New York la bruja Tessy Bermúdez, tres meses antes de morirse hace ocho o nueve años, señalándome una carta del Tarot. Era una torre en llamas, recuerdo, desde la cual se arrojaban hasta el vacío cientos de personas, presas del peor de los espantos.

— De ninguna manera debemos pasar esas imágenes— protesté en la sala de edición de CNN en Español, en Atlanta, a las cinco de la tarde del once de setiembre del año pasado, cuando recibimos un feed de la cadena Univisión, donde se podía ver a decenas de personas lanzándose al vacío huyendo del terror. Mucho tiempo después me enteré que esas imágenes fueron filmadas por el hijo de la bruja Tessy. La carta de la muerte.

II

A las ocho de la mañana estaba revisando los cables en inglés y español de Reuters y Associated Press, como era mi costumbre todos los días. Nada relevante. En esa época estaba sumamente atento a los fracasados intentos de negociar una salida política a la crisis del Medio Oriente, y de vez en cuando le echaba una mirada de reojo al noticiero que se venía repitiendo desde las cinco de la mañana, tampoco sin mayores sobresaltos informativos. Los únicos en la sala de redacción éramos un puñado de editores, redactores y el anchor de turno. Estaba sentado en la mesa de los editores de copia y tenía enfrente mío unas ocho o diez pantallas, desde donde se monitorean los distintos feeds de las principales agencias televisivas y las distintas señales domésticas e internacionales de CNN, ese imperio informativo que poco a poco aprendí a situarlo en su verdadera dimensión, lejos de los pasadizos de mármol y luces de marquesina y las fanfarrias que nos venden sus folletos de propaganda. Nada indicaba que estábamos en los umbrales de una tragedia de dimensiones históricas. Mi costumbre era llegar a esas horas con un bagel y un café, un reflejo matutino que conservo desde mis años de periodista en New York, escribiendo con rabia y con amor en el diario latino La Prensa.

—Necesito tu consejo— me dice el editor de asignaciones de turno. Y enseñándome una de las pantallas que están colgadas en las paredes del set del noticiero, donde están todas las escenografías de los distintos programas periodísticos en español que se producen desde Atlanta (y que son herencia de las primeras concepciones modulares arquitectónicas de los inicios de la matriz inglesa), el editor me pregunta si sería conveniente llamar al director de la cadena para interrumpir el noticiero e insertar en vivo las primeras imágenes de lo que estaba pasando en una de las torres gemelas.

— ¿Qué es?— le pregunto antes de darle mi respuesta.

— Una avioneta se ha estrellado contra una de las Twin Towers.

Era una mañana limpia, con un cielo intensamente azul, sin ninguna nube en el horizonte. Lo primero que se me vino a la mente fue un error de la torre de control, pero lo descarté de inmediato por las excelentes condiciones atmosféricas que se apreciaban en las imágenes que eran trasmitidas por una estación local de televisión afiliada a CNN. Otra posibilidad era un infarto del piloto, o un error fatal en la navegación automática. Estábamos prendidos frente al monitor, subyugados por esas incertidumbres, cuando llegó la orden de entrar en directo con esas imágenes. De inmediato empezamos a buscar información en los cables, encontrando apenas dos o tres líneas en los despachos de las agencias, donde daban cuenta del accidente, aunque todavía sin mayores precisiones. Empecé a llamar a mis viejos colegas del diario La Prensa, pero a esas horas la redacción estaba vacía y sólo me respondía la recepcionista. Intenté en vano llamar a la casa de otros amigos periodistas en New York, pero nadie contestaba mis llamadas, siempre salía el contestador automático. O no había líneas disponibles.

— ¡Se ha estrellado otro avión! — grita minutos más tarde desde el otro extremo de la sala el mismo editor de asignaciones, que estaba monitoreando la situación en tiempo real, mientras los pocos que estábamos en la redacción tratábamos de conseguir información independiente que nos pudiese dar pistas sobre lo que estaba ocurriendo en las calles del Bajo Manhattan.

— ¿Estás seguro? — le pregunto al editor, desde mi escritorio.

— ¡Ha sido un avión de pasajeros! — explica, preso de una súbita ansiedad.

El único punto de vista que teníamos a esas horas era un ángulo de cámara que impedía ver a las dos torres en un solo plano de conjunto. El primer edificio que lentamente comenzaba a incendiarse ocultaba parcialmente los contornos de la segunda torre, por lo que era difícil verificar visualmente lo que había visto el editor.

— ¡Rebobínalo! — le digo. ¡Rebobínalo!, le repito.

El editor de asignaciones empieza a dar marcha atrás en la grabadora y los pocos que estábamos a esas horas siguiendo el episodio nos arremolinamos a su alredor y vemos en cámara lenta, como si fuese una película que iríamos a recordar por el resto de nuestras vidas, el impacto del segundo avión, saliendo en retroceso desde las llamas y contra toda lógica, huir hacia atrás, hasta salir del encuadre, como si quisiera abandonar el horror que ha causado.

— ¡Mierda! ¡Por lo menos trescientos muertos! — exclama alguien.

Y otra vez vemos a la misma nave ingresando en cámara lenta por el extremo derecho del encuadre hasta estrellarse contra la segunda torre, empujando con furia los soportes del edificio hasta salir por el otro extremo convertido en una inmensa bola de fuego que revienta en los intestinos del edificio.

— ¡La culpa de todo la tiene Bush! — me dice histérico el primer copieditor que llega a la redacción y se sienta a mi lado, ingresando frenético su password para activar su computadora y sumirse en su trabajo. — ¡Eso le pasa por pisotear a los palestinos!

En lo único que pienso en esos momentos es en las tareas de rescate de esas miles de personas atrapadas entre la parte superior de ambos edificios y aquellas que están debajo de los pisos incendiados. Las imágenes de la tragedia ya comienzan a llegar y los puntos de vista de las otras cámaras nos revelan poco a poco la verdadera dimensión de la tragedia.

III

Cuando Jim vio por televisión las imágenes de la catástrofe supo que tenía que hacer algo de inmediato.

Trabajaba como médico en la sala de emergencias del hospital más cercano a las Torres Gemelas y lo primero que hizo fue coger un maletín con primeros auxilios, echó mano a su cámara casera de video digital y se dirigió a pie hasta el centro mismo del epicentro del dolor. Al menos esa era su intención. En la calle, a pocas cuadras del Bajo Manhattan, las sirenas de los policías, los bomberos y las ambulancias ululaban sin descanso, y miles de personas huían despavoridas de downtown, sin rumbo fijo, con el miedo reflejado en las pupilas.

Jim apretó el botón de su grabadora mientras caminaba y lo llevó en la mano todo el tiempo, registrando paso a paso su acercamiento al centro mismo del horror, como si fuese un descenso a los infiernos. A unas cuatro cuadras del edificio norte de las torres, la estructura de acero se derrumbó ante sus ojos y lanzó hacia los cuatro costados una enorme bocanada de ceniza y polvo que empezó a oscurecer de inmediato el cielo despejado, como si de pronto hubiese llegado la peor de las tormentas. Y este gigantesco animal de las tinieblas avanzaba por entre los edificios que aún quedaban en pie como un molusco inanimado, una nube radioactiva que lo cubría todo con un manto gris y espeso de cemento apretujado, polvo de acero y partículas de vidrio. En el video se ve que la cámara se esconde entre una hilera de autos abandonados al lado de la acera y desde esa casamata improvisada espera el impacto de la masa desconocida. Segundos más tarde, todo es gris, como si estuviese flotando en una nube cargada de amenazas. Lo único que se escucha es un silencio de muerte, interrumpido a lo lejos por un sonido intermitente, parecido a los grillos del atardecer. Y cuando se incorpora lentamente de su refugio momentáneo, cámara en mano Jim avanza entre los escombros, apenas se puede ver a cinco o seis metros de distancia, lo demás es una pared de polvo siniestro. A lo lejos, en medio de esas sombras en penumbras, puede verse un destello interrumpido de pequeñas luces rojas que se encienden y se apagan, acompañadas por un beep lacerante, un sonido agudo que se mezcla al silencio sepulcral que domina al ambiente.

Conforme se acercan, vemos pasar delante nuestro a policías cubiertos por una sustancia gris, como si se tratase de fantasmas que emergen invictos de la sombra. Hay un bombero sentado en la acera, ahogándose de polvo, tomando un trago de su botella de agua, con las manos temblorosas. En el pecho tiene un dispositivo de alarma, una especie de botón electrónico que se usa para detectar a los bomberos extraviados en medio del fuego, y que emite un sonido agudo cada tres segundos, encendiéndose una luz roja intermitentemente. Son los grillos de esa noche, y en ese instante comprendemos que el concierto de ruidos indica que se trata de cientos de bomberos atrapados por esa mole gris que barrió Manhattan el once de setiembre.

IV

La orden de evacuar el edificio de la sede central de CNN llegó al derrumbarse la primera torre. Las instrucciones impartidas por el cuerpo de seguridad indicaban que sólo debían permanecer en el edificio aquellas personas estrictamente esenciales, conectadas directamente con las actividades más vitales. De inmediato hicimos una selección de personal y nos quedamos otra vez un grupo muy reducido. A esa hora ya sabíamos que otro avión se había estrellado contra el Pentágono y que uno más se había derrumbado en Pensilvania, rumbo a Washington. Estados Unidos estaba bajo ataque.

— Nosotros no somos un blanco de los terroristas—, trató de calmarnos el presidente de la cadena, hablando desde la sala de redacción. —Ellos nos necesitan para difundir lo que está pasando —, nos dijo.

De inmediato conformamos tres equipos de trabajo. El primero tenía que monitorear la situación en New York, el segundo Washington y el tercero las reacciones internacionales. Lo peor de todo era tratar de discernir con propiedad los hechos de la inmensa bola de rumores que circulaban a esas horas por todas las redacciones de los principales medios de comunicación de Estados Unidos. Los símbolos del poder económico y militar del país más poderoso sobre la faz de la tierra estaban en escombros. Faltaba el ícono por excelencia, la Casa Blanca, que a esas horas ya había sido evacuada. Y todavía cientos de aviones estaban en el aire, tratando de aterrizar en el aeropuerto más próximo. ¿Estábamos acaso ante las puertas de una guerra total contra el imperio? Nadie lo sabía. Y hasta el propio Consejo Nacional de Seguridad mantenía un silencio absoluto, con todos sus integrantes escondidos a la fuerza bajo tierra.

La sala de redacción era una locura. Teníamos una transmisión en vivo, y la información que nos llegaba era un torrente de hechos aislados, sin ninguna reacción oficial.

— ¿Por qué no sale Bush a explicar la situación? — se quejaban algunos.

Mientras, los intérpretes y traductores se encargaban de volcar al español los reportajes especiales que CNN doméstico empezaba a producir, aunque a cuentagotas. Por nuestra parte, poco a poco fuimos incorporando testimonios propios a nuestra cobertura, mayormente testigos presenciales de la tragedia que se enlazaban con nosotros desde New York y Washington.

Dieciocho horas más tarde aún estábamos los mismos de la mañana, escribiendo, editando, produciendo la misma historia, repetida mil veces, machacada sin cesar hasta los límites extremos del cansancio, pero siempre batallando contra nosotros mismos para encontrarle un ángulo nuevo, un perfil novedoso al hecho macizo y contundente de ser los mensajeros de la tragedia más grande de nuestras vidas.

Desde entonces, el once de setiembre es una daga hundida para siempre en nuestras pupilas. Nuestros ojos ya no son los mismos. Jamás volveremos a ser los de antes.

¿Y DÓNDE ESTABAS TÚ CUANDO EMPEZÓ LA GUERRA?

El miércoles 16, a las siete en punto de la noche (hora de Nueva York) terminó la angustiante espera de lo que muchos calificaron como "el día más largo de la historia." A esa hora todos los noticieros televisivos del país anunciaron que había empezado la guerra en el Medio Oriente. Bush, como todos los mortales de la tierra, se reunió con su "gabinete de guerra" en un salón de la Casa Blanca para ver por televisión el inicio de las hostilidades. Lo acompañaban el vicepresidente Dan Quayle, Ben Scowcroft -asesor de seguridad nacional- y Dick Cheney, Secretario de Defensa. Y muchos piensan que Sadam Husein hacía lo mismo desde sus cuarteles generales.

Desde Bagdad el corresponsal de ABC, Gary Shepherd, trasmitiendo directamente desde su habitación en el hotel Rashid, anunciaba al mundo que, en ese preciso instante, un "increíble panorama de flashes" iluminaban el cielo de la capital iraquí y que, obviamente, "un ataque aéreo había empezado." "Es como los fuegos artificiales del 4 de julio, pero multiplicados por cien," concluyó. Minutos después, todos los otros noticieros se sumaban a la trasmisión de la primera guerra televisada en vivo y en directo. Desde Riyadh, la base militar más importante, otros corresponsales testificaban que veían salir "oleadas sucesivas" de aviones F-15 en dirección hacia el norte. Una y otra vez los conductores de los principales espacios periodísticos de la televisión estadounidense mudaban el escenario hacia distintos puntos del planeta: en directo desde Amman, desde Tel Aviv, desde Arabia Saudita.

Pero las mejores descripciones de lo que estaba ocurriendo en el escenario de la batalla fueron dadas por

CNN, la cadena de cable más importante del momento. Un equipo de corresponsales encabezados por Bernard Shaw, Peter Arnett y John Holliman, trasmitiendo directamente desde su habitación en el hotel Rashid, donde estaban alojados todos los corresponsales de prensa extranjeros, anunciaron que tuvieron que esconderse para evitar ser confinados por los militares iraquíes a los refugios antiaéreos. Todos los otros corresponsales estaban en los sótanos del hotel. Por lo tanto, desde ese instante ellos se convirtieron en los únicos periodistas capaces de comunicar los hechos al resto del mundo.

En una de sus trasmisiones, Bernard Shaw, en medio de un ataque aéreo, sacó el micro a la ventana y se pudo escuchar nítidamente el horroroso sonido de las bombas lanzadas por los aviones norteamericanos, el fuego de las baterías antiaéreas desplegadas por el ejército iraquí en las azoteas de casi todos los edificios altos de Bagdad y, como si fuera una película de antaño, el sonido lúgubre y temible de las sirenas alertando a la población para que encuentre refugio inmediato.

Durmiendo a saltos, turnándose entre ellos para la trasmisión, pronto los corresponsales se dieron cuenta que, si las autoridades se lo propusiesen, podrían cortar su trasmisión en cualquier momento. "No lo entiendo. Sólo tienen que cortar un cable," decía Shaw. Y otro de ellos ensayó una justa teoría: en realidad, las autoridades iraquíes estaban tolerando las trasmisiones porque CNN había jugado un rol político y diplomático sumamente importante en el conflicto del Golfo Pérsico. Alentados por esa seguridad, muy temprano por la mañana decidieron enviar a un técnico a la sede central del canal iraquí para negociar un posible envío de imágenes vía satélite. Cuando regresó, comunicó a sus colegas que en la puerta del edificio se había encontrado con el mismísimo Sadam Hussein, quien le había saludado con un breve movimiento de cabeza. "Eres el único occidental que lo ha visto en la última semana," comentó otro de ellos. Quince minutos más tarde empezaba otro ataque aéreo, esta vez buscando un solo objetivo: atacar la estación de televisión, donde se suponía estaba Sadam Husein.

Pero lo que más les extrañaba a los reporteros era el comportamiento de la población iraquí. Según sus propias versiones -estamos hablando ya de las primeras horas del jueves- podían ver taxis desplazándose por la ciudad, pero avanzando en retroceso, alejándose de los lugares de bombardeo. Y cuando cesaban los ataques, inmediatamente volvía la gente a las calles e incluso "las panaderías abrían sus puertas."

Obviamente que todo el mundo estaba pendiente de lo que aquellos periodistas describían. Y los más interesados eran, por supuesto, los analistas del Pentágono: a través de la trasmisión podían detectar el grado de eficacia de los operativos aéreos. "La torre de trasmisión de la televisión está intacta," señalaba Holliman. "La ciudad no ha sido muy dañada." En ese momento la televisión se convirtió en otro campo de batalla, tan importante como la guerra misma. Y es, desde ahora, el vehículo más importante de la inteligencia militar y de la diplomacia.

A las once de la mañana del día jueves, las autoridades iraquíes impusieron la censura a todas las trasmisiones en vivo. Después de un angustiante silencio de horas, John Holliman volvió al aire para asegurar que "Bagdad no estaba destruida." Pero indicó que funcionarios iraquíes lo acompañaban en ese momento y que no podría responder a ninguna pregunta. "Me han dicho que han derribado cuarenta aviones y que han logrado interceptar ocho misiles cruceros. Y que algunos de ellos no han explotado y pueden volver a utilizarlos." Desde entonces todas las trasmisiones fueron celosamente supervisadas por censores iraquíes. Y Bernard Shaw y John Holliman decidieron regresar a Jordania, donde hoy se encuentran. Mientras escribimos estas líneas, sus impresiones del viaje de retorno a

Amman, la capital jordana, empiezan a salir al aire: "A lo largo de nuestro recorrido hemos apreciado la eficacia del bombardeo aéreo."

Mientras todo esto ocurría, desde el miércoles en la noche los conductores de las tres principales cadenas televisivas estadounidenses una y otra vez solicitaban informes urgentes de último minuto desde las bases militares de Arabia Saudita y trataban inútilmente de entrar en contacto con sus corresponsales basados en Bagdad. El espectáculo de la guerra tenía esclavizada a toda la nación norteamericana. "Es irreal ver desarrollarse una guerra como si fuera un partido de fútbol," dijo más tarde Michael Gartner, presidente de la cadena televisiva NBC News. "Uno se queda tan atrapado cubriendo la guerra que uno se olvida que, en efecto, es una guerra. Y uno tiene que retroceder, tomar distancia y decir ¡Dios Mío, esto es una guerra de verdad!"

Peter Jennings, conductor del programa "World News Tonight," la noche del jueves estaba conversando con su corresponsal Bill Redeker, basado en Arabia Saudita. En ese instante sonó la alarma aérea y Redeker mencionó que a su alrededor "todo el mundo se está poniendo máscaras anti-gás." "Si lo consideras prudente, anda en este momento a tu refugio," recomendó Jennings. El corresponsal miró nerviosamente a un lado y otro y se quedó fijo en su lugar. Otro momento dramático en la cobertura informativa de esta guerra fue cuando otro corresponsal estaba trasmitiendo desde Jerusalén. "Han caído los misiles," dijo. Y todos vimos cómo, con toda la rapidez y el nerviosismo del momento, se puso su máscara y siguió trasmitiendo con su equipo protector. "¿Me escuchas, me escuchas?" "Te escuchamos perfectamente," dijo Jennings. Al fondo de la habitación, todos los miembros del equipo técnico de ABC seguían trabajando, pero con las máscaras puestas.

Pero más allá de las crónicas vibrantes escritas por el periodismo, debemos admitir que la primera víctima de toda guerra es la verdad. En realidad, toda la información que llega directamente a la opinión pública estadounidense a través del "pool informativo" estacionado en Arabia Saudita, es controlada directamente por el Pentágono. El Pentágono edita previamente los videotapes que el público mira en sus pantallas, los despachos de prensa que se envían desde las bases militares, las fotos que se envían, etc. Salvo los despachos emitidos directamente desde el lugar de la batalla, al igual que lo ocurrido en Panamá o Grenada, ésta ha sido -lo es todavía- una guerra sin imagen directa, una guerra donde el control absoluto de la información por parte de los servicios de inteligencia de las fuerzas armadas, es tan importante como desplegar simultáneamente mil aviones en oleadas sucesivas de bombardeo.

Esto tiene por supuesto su explicación. En caso de guerra, cualquier gobierno necesita el máximo posible de cohesión social. El denominado "frente interno" debe estar absolutamente bajo control, sin resquebrajaduras posibles. Más aún en una sociedad como la estadounidense, donde la tendencia histórica de la opinión pública en casos de guerra ha sido, como lo es ahora, expresar su apoyo irresuelto antes que comiencen a llegar las primeras víctimas del frente de batalla. Pero ocurrido ese momento, cuando llegan las primeras bajas, la tendencia se revierte y comienza a cuajarse un gigantesco movimiento de presión social exigiendo el cese inmediato de las hostilidades.

Tanto los iraquíes como los estadounidenses saben que necesitan primero estabilizar su frente interno y que deben, por todos los medios, proporcionar una imagen hasta cierto punto victoriosa. Maximizar las bajas enemigas y minimizar las propias, parece ser la ley fundamental de estos estrategas sicológicos.

Por eso, cuando la opinión pública estadounidense empezó a sospechar que se estaba manipulando en cierto grado la información que recibían, Jennings admitió públicamente que "ninguna fuente debe ser tomada como absolutamente segura." Hace apenas unos instantes, por ejemplo, un flash sacudió al país: han caído nuevos misiles en Israel, con carga probablemente bacteriológica. Lo único que se ve en la pantalla es un anuncio que dice "El gobierno de Israel ha censurado la trasmisión de imágenes en vivo." Pero en el audio se escuchan insistentemente las sirenas de alarma. Pero minutos después, se confirma que fue una falsa alarma.

Hoy Estados Unidos es un país invadido de rumores, súbitas noticias inmediatamente desmentidas, informaciones alarmantes, versiones triunfalistas y constante bombardeo informativo desde cualquier punto del planeta: la guerra ha comenzado y usted la ve mejor aquí, en su programa favorito.

19 de enero de 1991

LA MADRE DE TODAS LAS BATALLAS

Bush prometió una victoria militar rápida y contundente, al menor costo posible. Durante el debate en el Congreso, los representantes republicanos mencionaron una y otra vez que la superioridad tecnológica de las fuerzas armadas estadounidenses garantizaban una operación militar sumamente eficiente, capaz de liquidar al enemigo en los escasos días que demanda una operación relámpago. "No será otro Vietnam," aseguraba Bush, sumamente relajado el día que anunció al mundo el inicio de La Operación Tormenta en el Desierto. Pero hoy, tres días después de los primeros combates, las cosas no están marchando como mandan los clásicos textos militares. Y las consecuencias políticas internas son de tal envergadura que muchos comienzan a preguntarse si no ha empezado, junto con los bombardeos continuos e indiscriminados a lo largo de todo el territorio iraquí y en la invadida Kuwait, el ocaso de una concepción política que ha manejado los destinos de este país desde las tres últimas administraciones republicanas.

En Estados Unidos existe un poderoso movimiento pacifista que ha comenzado a tomar las calles por asalto. Hoy, mientras escribo estas notas, una marcha de aproximadamente 30.000 personas se congregó frente a la Casa Blanca para demandar que cese lo que llaman "el infame intercambio de sangre por petróleo." Una cantidad semejante marchó igualmente hoy día por las calles de San Francisco con la misma plataforma: Bring the Troops Home (Regresen las tropas a casa). Miembros de distintas coaliciones sociales, grupos religiosos de variada nominación, escolares secundarios, universitarios, profesionales y activistas de los movimientos minoritarios que agrupan principalmente a latinos y negros, se han expresado desde el inicio mismo de la conflagración en todos los puntos del país. Al lado del bombardeo informativo sobre las incidencias de la guerra, los noticieros interrumpen su cobertura para mostrar manifestaciones que conmueven al televidente tanto como las escenas de la guerra misma. Porque este país marchó a la guerra profundamente dividido, tal como quedó demostrado en el debate congresista. Dividido no tanto entre quienes promueven la paz y quienes alientan la guerra, sino entre quienes creían que se debía hacer una guerra ya, ahora mismo, y aquellos que exigían darle a las sanciones económicas un tiempo adicional para ver si funcionaban. En suma, inmediatamente antes del inicio de las hostilidades, no hubo unanimidad en el frente interno ni en cuanto a las razones para ir a la guerra ni en relación a los objetivos que se persiguen desatando el conflicto en el Golfo Pérsico. Muchos analistas han sugerido que faltó una explicación política razonable capaz de persuadir a la opinión pública estadounidense sobre la necesidad impostergable de ir a la guerra. Esto no quiere decir por supuesto que prevalece el rechazo por encima del apoyo al presidente. Hasta este momento, un poco más del setenta por ciento aprueba la política seguida por el presidente Bush, pero permanece un considerable sector de la opinión pública absolutamente en contra de la guerra.

Bush basa su propia supervivencia política en un triunfo expeditivo y contundente. Pero en la medida en que las operaciones militares se prolonguen y arrojen las primeras víctimas estadounidenses, esa misma opinión le dará la espalda. Apenas comenzó la guerra, la sensación de victoria proyectada por todos los medios informativos creó un estado emocional de excitación que contrasta notablemente con el sombrío panorama que hoy se advierte conforme la guerra se prolonga, sin lograr esa rápida victoria militar prometida. El general Schwarzkopf, comandante en jefe de las fuerzas estadounidenses en Arabia Saudita, en su última conferencia de prensa admitió que "esto no es Panamá."

No es Vietnam, no es Grenada, no es Panamá: es Irak. "Pienso que es muy, muy importante para la gente, recordar una serie de factores claves: que este es un asunto extremadamente serio; que estamos en la fase más temprana de una operación que puede durar un período considerable de tiempo, que han habido víctimas y que es muy probable que hayan más víctimas todavía," dijo en otra rueda de prensa el Secretario de Defensa Dick Cheney. Esa nueva versión pone en duda aquello que los líderes aseguraban apenas hace unos días. Y es muy fácil pasar de esa extrema excitación a un profundo sentimiento depresivo.

El Congreso, por su lado, no tardará mucho tiempo en romper su promesa de silencio si en unas semanas -o meses- son miles los féretros cubiertos por la bandera estadounidense y hasta sus oídos lleguen los rumores de las multitudes congregadas día tras día frente a los jardines de la Casa Blanca. Jesse Jackson, una figura democrática sumamente influyente en amplios sectores del partido demócrata, en el mitin de hoy día dijo que Bush debe despertar inmediatamente de la pesadilla en la que se encuentra. Y señaló también que esta vez el Congreso no esperará diez años para parar la guerra. Y, contra todo pronóstico, exigió una solución política y diplomática al conflicto desatado. Bush entonces tiene el frente interno sumamente inestable, afronta Estados Unidos una crisis económica recesiva sin precedentes, diariamente se cierran inmensas fábricas, hay despidos masivos y se nota un abandono de las obligaciones asistenciales del gobierno en todos los campos. ¿Cómo va a explicar más tarde el gobierno el gasto de treinta billones de dólares en una guerra impopular? ¿Qué explicación ofrecerá mañana, cuando las cifras de muertos en combate se multipliquen? ¿Y cuando Bush tenga que pedir más dinero al Congreso para gastar en "su" guerra?

Pero en el frente externo las cosas tampoco han funcionado como estaba previsto por los asesores más cercanos al presidente.

Después de más de 4.000 vuelos de bombardeo masivo contra todo el territorio iraquí y kuwaití, el Pentágono admite que se han destruido las principales instalaciones militares de la maquinaria de guerra iraquí y que se tiene una absoluta primacía aérea. Sin embargo, al mismo tiempo admite que sólo se han destruido seis naves aéreas iraquíes y que cuatro fueron alcanzadas en tierra.

¿Dónde están entonces los 700 aviones de guerra iraquíes, admitidos por el propio Pentágono? Según fuentes de inteligencia, todos esos aviones están enterrados bajo tierra, en instalaciones subterráneas construidas aceleradamente en los últimos seis meses que demandaron las infructuosas negociaciones de paz. Sadam Husein ha basado su estrategia defensiva solamente en la respuesta de su poderosa artillería antiaérea que ha derribado, según fuentes del Pentágono, 18 aviones de distintos países en tan sólo tres días de combates. Y todo esto sin apelar al combate aéreo directo. Sadam cree que utilizando los poderosos misiles Scud contra objetivos militares fijos, puede mantener no sólo una cierta iniciativa de contraataque táctico, sino también tener cierta iniciativa política desde el mismo campo de batalla. Siguiendo con sus ataques misileros de mediano alcance contra objetivos situados dentro del territorio israelí, puede obligar a Israel a comprometerse directamente en la guerra, desencadenando así una reestructuración estratégica de fuerzas militares. A pesar de que Mubarak acaba de declarar que se mantendrá al lado de la coalición internacional en caso de una fulminante respuesta israelí, sin embargo no piensan lo mismo el presidente sirio ni el rey Hussein de Jordania.

En efecto, si asumimos que la aviación iraquí se ha desplazado al norte de ese país, lejos del alcance de la aviación estadounidense, se encontraría, sin embargo, dentro del radio de acción israelí. Y esto para ellos debe ser casi una invitación al ataque... y de ese modo la participación israelí sería desde entonces un hecho. Pero Hussein de Jordania advirtió hoy por la mañana, en una conferencia de prensa, que su país derribará cualquier avión que viole su soberanía aérea. Con lo cual llegaríamos a una alianza distinta: Irak, apoyado por Jordania y muy probablemente por Siria.

Evitar esa posibilidad es la preocupación actual del gobierno norteamericano. Bush mismo llamó hasta en tres oportunidades por teléfono al primer ministro israelí para asegurarle que EEUU defendería a Israel liquidando todos los misiles móviles iraquíes, pero bajo la condición de que Israel no se involucre en el conflicto. Pero también hoy, el primer ministro británico ha declarado que Israel "tiene todo el derecho a responder si es atacado." Y horas después de esa declaración, en una extensa rueda de prensa que acabó a las cuatro de la tarde de hoy, un vocero del Pentágono confirmó que EEUU ya había desplegado sus misiles anti-misiles Patriot en territorio israelita. Pero las autoridades militares israelitas no parecen tan optimistas. "Atacaremos si vuelven a lanzarnos misiles."

A pesar del intenso bombardeo desatado contra el territorio iraquí, las mismas fuentes del Pentágono admiten que, en realidad, no saben cuánto daño se ha causado a la capacidad militar estratégica de Husein. Tampoco hay forma de saber el sentimiento del pueblo iraquí ni el potencial de sorpresa que Husein reserva. En suma, parece que el anuncio del Secretario de Defensa Dick Cheney, autorizando el llamamiento de 170.000 reservistas adicionales -hecho igualmente hoy, a las cuatro de la tarde-, es un índice de cómo esta administración evalúa el éxito o no de las operaciones militares conducidas.

La aviación militar estadounidense necesita dos días adicionales para culminar lo que ellos han llamado "la primera fase" de la Operación Trueno en el Desierto.

Y que la segunda fase empezará luego mediante combates de infantería entre las selectas tropas de la Guardia Republicana iraquí y los Marines. Y en ese terreno Sadam Husein sabe que sus tropas tienen un componente esencial en todo combate: la experiencia de ocho años de guerra.

La guerra ha comenzado, es cierto. Pero nadie sabe todavía cómo terminarla.

19 de enero, seis de la tarde.

LA ÚLTIMA OPORTUNIDAD

Instalado cómodamente en uno de los salones de su residencia veraniega de Camp David, a las doce en punto de la mañana del sábado, el presidente Bush consultó su reloj e inmediatamente después ordenó telefónicamente a Marlin Fitzwater, su vocero, que haga público desde la Casa Blanca el sentir de su administración: "Lamentamos que Irak no haya cumplido con el plazo fijado por las Naciones Unidas para iniciar su retiro de Kuwait." Eligiendo cuidadosamente sus palabras, Fitzwater agregó más tarde que los preparativos de guerra continuaban para desatar lo que el Secretario de Defensa días antes había calificado como "la operación militar terrestre más grande en la historia de la humanidad."

A esa misma hora Irak respondía apelando al lenguaje de las armas, lanzando por enésima vez un misil Scud hacia la parte central de Israel. Se supo igualmente que desde las últimas cuarenta y ocho horas comandos especiales han incendiado hasta el momento más de doscientos pozos petroleros en Kuwait -alrededor del veinticinco por ciento del total de las instalaciones petroleras-, creando con ello una espesa nube negra con el propósito de impedir la identificación de objetivos militares por parte de la aviación aliada. "Pero en realidad no nos afecta tanto," confesó un aviador estadounidense entrevistado por CNN. "Es como jugar fútbol en un terreno fangoso, pero igual puedes hacer goles."

Mientras tanto, Bagdad soportaba otra vez bajo sus cielos uno de los más intensos bombardeos aéreos de todos los tiempos y en la radio iraquí, un vocero del Comando del Consejo Revolucionario señalaba, bajo el estrépito de las ruidosas explosiones, que el ultimátum señalado por las fuerzas aliadas era "totalmente inaceptable" y que era una "propuesta deshonrosa."

Horas antes el canciller iraquí se despedía del presidente soviético Gorbachov y conforme se alejaba su avión rumbo a Teherán, en el horizonte también se esfumaban las esperanzas de paz. "Ya no hay lugar para la diplomacia," se quejaban hoy sábado algunos representantes diplomáticos congregados en los pasillos de las Naciones Unidas, en espera de algún desenlace imprevisible. Pero una hora después de vencido el ultimátum, en la sede de dicho organismo empezaron a proliferar fuertes rumores que alentaban la idea de una aceptación iraquí del plan de paz propuesto por los Estados Unidos. Talat Kudrat, embajador alterno de Irak ante las Naciones Unidas -el titular fue llamado para asistir en Moscú a las conversaciones de paz-, según fuentes sumamente confiables dijo al interior de la reunión a puertas cerradas del Consejo de Seguridad que su país "tenía una lectura positiva de la propuesta norteamericana." Pero cuando el embajador estadounidense Pickering pidió un esclarecimiento total de la inesperada postura iraquí, Kudrat no quiso formular con mayor claridad su posición.

En realidad, como fue confirmado horas después por otras fuentes, el embajador iraquí se estaba refiriendo a una de las últimas conversaciones sostenidas por Tarik Aziz con Mijaíl Gorbachov. Aziz recibió el ultimátum aliado mientras sobrevolaba en un avión soviético el extenso territorio iraní. Desde la nave se comunicó telefónicamente con el presidente soviético y le indicó que "en principio, Irak había aceptado las condiciones norteamericanas." Los demás puntos de la conversación entre ambos dirigentes no han sido revelados hasta el momento, pero lo que sí se sabe es que apenas se despidió de Tarik Aziz, Gorbachov volvió a llamar por tercera vez en menos de una semana al presidente Bush y nuevamente le solicitó demorar el inicio de la ofensiva terrestre. También le explicó que las iniciativas soviéticas no estaban encaminadas a romper la fluidez en las relaciones entre ambas potencias y exploró la posibilidad de conjugar ambas propuestas de paz en una sola, aclarando sin embargo que la Unión Soviética "no estaba del lado de Irak." Pero la respuesta de Bush fue tajante: "La coalición ha expresado que el único plan viable es el nuestro." Esa misma postura fue ratificada posteriormente por el embajador estadounidense Pickering, quien dijo en el seno del Consejo de Seguridad que eso "sería muy difícil" ante la sugerencia del embajador soviético Yury Vorontsov de unificar ambas propuestas.

Mientras tanto, a las tres de la tarde del sábado el general Kelly advertía enérgicamente en el Pentágono que "cualquier uso de armas químicas o biológicas por parte de las fuerzas armadas de Irak traería consecuencias personales contra quien o quienes autorizasen el uso de tales armas." Afirmó igualmente que las tropas iraquíes estaban trasladando a miles y miles de ciudadanos kuwaitíes hacia Irak como prisioneros de guerra y que se estaban cometiendo todo tipo de atrocidades, desatando una política de "tierra arrasada," como había señalado el presidente Bush en su última conferencia de prensa. "Esas declaraciones no nos sorprenden en lo más mínimo," contestó un funcionario del Ministerio de Información iraquí. "Están tratando de ganar la guerra sicológica porque no pueden ganar en el campo de batalla."

La orden de iniciar la ofensiva terrestre ya ha sido dada. El general Norman Schwarzkopf, comandante general de las fuerzas aliadas, tiene la autorización presidencial para lanzar a sus tropas detrás de las líneas enemigas por aire, mar y tierra. Miles de vehículos militares de toda clase continúan acercándose sin cesar a la frontera kuwaití y, si no prospera en las próximas horas ninguna iniciativa diplomática, la ofensiva aliada será, desde el punto de vista político, el momento más delicado para la administración norteamericana.

Lo que muchos se preguntan en este momento es qué ocurrirá si el curso de la guerra no marcha según lo planificado y si las bajas aliadas, como muchos lo predicen, llegan a ser más altas de lo que puede tolerar el electorado norteamericano. La propuesta soviética, aunque imperfecta, desembocaba en la misma salida; esto es, la liberación de Kuwait, pero tenía la ventaja de evitar los altísimos costos de una campaña que, aunque victoriosa desde el punto de vista militar, podría ser totalmente inaceptable para el pueblo norteamericano. En realidad, como señalan abiertamente algunos funcionarios del Departamento de Estado, el propósito central de la propuesta estadounidense es evitar que Irak se retire con lo que le queda de su armamento intacto, porque eso sería un peligro potencial que ninguno de sus socios -y mucho menos Israel- estarían dispuestos a tolerar. Al parecer, deliberadamente Bush ha querido empujar a Hussein contra una esquina, dejarlo entre la espada y la pared, obligándolo a elegir dos formas de humillación: perder en una guerra terrestre o aceptar un vergonzoso ultimátum.

Pero Hussein puede elegir otra vía, igualmente inesperada: soportar por unos días la ofensiva terrestre, absorbiendo con dificultad un castigo aplastante, y esperar hasta que prospere una iniciativa de paz conjunta propuesta por ambas potencias. Y aunque salga con la cara hinchada después que le tiren la toalla, puede reclamar que ha resistido hasta el final "la agresión de los infieles." Pero si se embarca en ese juego, también puede perder por un aplastante nocaut, y sin tener ningún árbitro al final de la pelea que lo ayude a incorporarse. Ese puede ser su error más grande.

COMPLICACIONES

En Estados Unidos ya nadie piensa que la guerra puede acabar en dos días más. Según las últimas encuestas, uno de los pasatiempos favoritos de los analistas de la opinión pública, más del sesenta por ciento asegura hoy que la guerra durará "meses." Pero días antes que estallara el conflicto, esa tendencia era simétricamente opuesta. El congresista republicano Bob Dornan, por ejemplo, predecía públicamente que la guerra duraría "a lo sumo dos días" y que "no se necesitarían fuerzas terrestres" para conseguir la victoria. Hoy, mientras escribo estas líneas, la cadena CNN acaba de publicar otra escalofriante encuesta: el 45 por ciento de los estadounidenses entrevistados se inclina por el uso inmediato de los llamados proyectiles nucleares tácticos, mientras otro 45% está totalmente opuesto al uso de la bomba atómica. ¿Qué ha mediado entre un estado de ánimo y otro? Obviamente, el curso de la guerra. Y el tremendo impacto sicológico causado por la exhibición de los prisioneros de guerra en la televisión iraquí.

Algunos analistas han afirmado que lo único que hoy se sabe con absoluta certeza es que se ignora por completo el grado de destrucción real de las fuerzas militares iraquíes; es decir, no se sabe realmente el daño inflingido. Tampoco se conoce con exactitud la capacidad de sorpresa que Hussein pueda estar reservándose y, mucho menos, la respuesta o los sentimientos del pueblo iraquí. Gary Sick, uno de los analistas contratados por la cadena estadounidense NBC -vinculado con el Centro de Estudios Estratégicos e Internacionales-, a la 1:15 de la madrugada del viernes admitía que "No sabemos virtualmente nada." Pero él no era el único con semejante grado de desinformación. Pete Williams, vocero personal del Secretario de Defensa Dick Cheney, señaló ante un grupo de veteranos periodistas de la Casa Blanca que "algunos creen que nosotros sabemos sobre los resultados de la guerra muchísimo más de lo que estamos admitiendo, pero ese no es el caso." Y en otro escenario, un día antes de la famosa conferencia de prensa del Pentágono, Martin Fitzwater, el vocero de prensa de la administración republicana, confesaba ingenuamente que el presidente Bush tenía básicamente la misma información que todo el país; es decir, casi nada, sólo aquello que veía por televisión, como cualquier hijo de vecino.

Ese sentimiento de incertidumbre general prevaleció en todo el país desde el inicio mismo de las hostilidades. En el Congreso, poco a poco empezaron a surgir las primeras señales de descontento. "Necesitamos tener información precisa y adecuada para poder juzgar la política seguida por el presidente Bush," se quejaba el senador Bob Kerrey. "No me parece que haya más información que dar," replicaba Fitzwater. "La razón es que simplemente no la tenemos," concluía. En ese ambiente, electrizado por el campo minado de la desinformación, se concluía que, después de más de ocho mil vuelos de combate, la fuerza aérea iraquí estaba intacta, probablemente escondida bajo hangares subterráneos de concreto armado y no había señales evidentes de que la Guardia Republicana de Hussein hubiese sido mellada. Al contrario, Saddam tenía todavía cierta capacidad táctica contraofensiva con el lanzamiento selectivo de sus poderosos misiles Scud que, si bien no representaban un peligro militar, generaban condiciones psicológicas difíciles de manejar, como aquellas que producen los actos terroristas de toda índole. Controlar y concentrar al máximo toda la información parece entonces que ha sido la estrategia personal elegida por el presidente Bush quien, dicho sea de paso, prefiere ejecutar sus decisiones acompañado por un pequeño grupo de consejeros. "Después se juzgarán los resultados."

Con una opinión pública hambrienta de información verídica y confiable, una prensa cada vez más agresiva demandando amplia libertad de información, y con resultados no muy claros en el campo de batalla, de pronto el panorama cambió de un momento para el otro cuando aparecieron los primeros prisioneros de guerra capturados por las fuerzas iraquíes. Peter Arnett, directamente desde Bagdad (ver nota aparte) informó mediante una trasmisión telefónica vía satélite que los militares habían hecho declaraciones anti-guerra. Horas después, CNN decidió propalar imágenes captadas de la televisión iraquí y repitió íntegramente en varias ocasiones aquellas terribles secuencias donde los pilotos confiesan su nombre, grado y pronuncian las más temibles palabras del momento: "estamos atacando equivocadamente al pacífico pueblo de Irak." El shock psicológico que causaron esas declaraciones, modificó la percepción triunfalista que hasta ese momento se tenía de la guerra. Mientras algunos medios de comunicación visual sólo se atrevían a consignar extractos de las declaraciones de los prisioneros, Diane Sawyer, una de las principales animadoras de la cadena ABC de televisión, fue mucho más allá: dijo públicamente frente a cámaras que su cadena había decidido rehusar trasmitir los videotapes iraquíes "porque era hacerle propaganda directa a Saddam Hussein." Pero la mayoría de periódicos neoyorquinos no compartían el mismo punto de vista: dicha noticia era al día siguiente primera plana en todos los periódicos.

La respuesta oficial fue entonces fulminante. El Pentágono inmediatamente denunció que tales declaraciones fueron hechas a la fuerza y Bush, más sombrío que nunca, señaló que Saddam Hussein era "personalmente responsable" de lo que les pudiera pasar a los prisioneros. Al mismo tiempo, el Departamento de Estado protestó porque se estaban violando las más elementales normas establecidas por la Convención de Ginebra y demandó el cese de la tortura como método de tratamiento de los prisioneros. Y pocas horas después se organizó apresuradamente la otra vez famosa conferencia de prensa del Pentágono con la asistencia del general Powell y el Secretario de Defensa Dick Cheney. El contraataque había comenzado.

En una de las conferencias de prensa más nutridas de los últimos tiempos, trasmitida en vivo y en directo por todos los canales de televisión, el general Powell señaló que las fuerzas aliadas estaban intentando aislar y destruir el frente iraquí para forzar una rendición total de las fuerzas enemigas. Indicó también que los esfuerzos orientados a la destrucción del comando central de comunicaciones y las defensas aéreas de las fuerzas armadas iraquíes, habían sido todo un éxito a lo largo de toda la semana. "Debo advertirles nuevamente que una operación militar tan intensa y compleja como la nuestra, no puede contabilizarse cada noche como si fuera un torneo escolar de basketball," aclaraba Dick Cheney. Pero como todos los analistas lo señalaron, la conferencia tenía más bien el propósito de persuadir a los estadounidenses que la guerra aérea eventualmente podría ser lenta, difícil y potencialmente inconclusa, dejando abierta la posibilidad de ir a una guerra terrestre, complicadísima decisión que, históricamente, ha estabilizado o ha derrumbado presidentes.

Mientras tanto, en su primera aparición pública desde el inicio de la guerra, ante la Asociación de Oficiales de Reserva el presidente Bush aseguró que la guerra avanzaba tal y como se había previsto. Y que Saddam Hussein tenía que caer de todas maneras, bajo cualquier precio. Por su lado, el vicepresidente

Dan Quayle señaló, ante un auditorio compuesto por los familiares de militares desaparecidos en acción, que hacía personalmente responsable a Hussein de todos los crímenes de guerra cometidos. Ambas declaraciones, como veremos enseguida, provocaron un nuevo debate que hasta hoy no termina.

¿Cuáles son exactamente los objetivos políticos que se persiguen con la guerra? ¿Y cuál es el precio que razonablemente se puede pagar para lograr esos objetivos? Según muchos analistas, si la fuerza aérea estadounidense no logra destruir sustantivamente la capacidad estratégica militar de Saddam Hussein antes de ingresar a la guerra terrestre para obligar la retirada iraquí de Kuwait, se corre el riesgo de desatar un enfrentamiento que podría costar miles y miles de bajas en las fuerzas aliadas. Por otro lado, si, como ha sido sugerido por algunas intervenciones del mismo presidente Bush, el objetivo es "derrumbar a Hussein," ¿significa eso acaso que la batalla continuará hasta las puertas de Bagdad?

Si eso ocurriera, muchos temen que se podría poner en peligro la composición unitaria del frente anti-Hussein, porque muchos aliados no quisieran verse comprometidos en la organización de un supuesto gobierno provisional que sucedería a la caída de Saddam. Otra interrogante es si la liberación de Kuwait es el único objetivo de la guerra o si se trata, al mismo tiempo, de liquidar a un poder militar de la región para dejar intactos otros. Muchos aducen que la integridad territorial de Irak, luego de su derrota, debe estar garantizada por los propios aliados, para no crear un peligroso vacío de poder. El presidente de Irán, en su última visita a Turquía, dejó bien en claro esta preocupación, al mismo tiempo que hacía una advertencia: nadie debe "repartirse porciones territoriales de un Irak militarmente vencido."

En suma, en los últimos días el debate sobre la estrategia política y militar de los Estados Unidos ha rebasado los niveles puramente académicos y hoy todas las opciones se discuten ampliamente tanto en los pasillos de la Casa Blanca como en los silenciosos salones del Congreso. Mantener los ataques aéreos por tiempo indefinido o concentrar fuerzas para decidir embarcarse en una batalla terrestre en cualquier momento, es hoy la preocupación central del gabinete de guerra de Bush.

Está en juego su propia supervivencia política.

LA GUERRA DIPLOMÁTICA

L a noticia cayó el viernes como una bomba de altísimo tonelaje: Irak aceptaba cumplir con las demandas de la Resolución 660 del Consejo de Seguridad de las Naciones Unidas y prometía retirarse de Kuwait, bajo ciertas condiciones. Eran las siete de la mañana (hora de Nueva York) y todos los noticieros matutinos de Estados Unidos fueron invadidos de repente por una febril ansiedad informativa que no ha cesado hasta el momento de escribir este despacho. Nuevamente la compleja maquinaria informativa contemporánea se puso en movimiento y se pudo percibir, a través de la pantalla televisiva, las distintas reacciones mundiales ante el inesperado pronunciamiento iraquí.

Las calles de Bagdad fueron tomadas por asalto por jubilosos milicianos que disparaban sus rifles automáticos al aire, incluso las baterías antiaéreas de la ciudad disparaban sin descanso, pero esta vez contra un cielo limpio de aviones enemigos, en señal de aprobación al comunicado emitido minutos antes por el Consejo del Comando Revolucionario Iraquí, que preside Saddam Hussein. "Ha terminado la guerra," declaraba ingenuamente uno de los combatientes, después de vaciar la cacerina de su revólver contra una de las escasas nubes del firmamento.

Guerra de palabras

Pero en Occidente la situación era diferente. Recién afeitado y oliendo a fragancias francesas, Marlin Fitzwater, vocero presidencial de la Casa Blanca, declaraba a las ocho y media de la mañana que la oferta iraquí debía estar precedida por un "retiro incondicional y completo" de Kuwait. Y horas más tarde, después de intensas consultas con los jefes de estado de la coalición anti-iraquí, en una reunión con la Academia para el Adelanto de las Ciencias, George Bush despejaba cualquier duda al respecto: "Lamentablemente, la declaración iraquí ahora parece ser una farsa cruel." En términos parecidos se pronunciaron más tarde el premier británico John Major y el presidente francés Francois Miterrand. El primero calificó a la propuesta iraquí como una "dudosa simulación" y al último le pareció pura y simplemente "diplomacia de propaganda."

Sin embargo, no todos los dirigentes occidentales compartían el mismo tono utilizado por Bush. En Canadá, por ejemplo, el primer ministro Brian Mulroney declaró inicialmente que la propuesta merecía "una seria atención," aunque más tarde, después de una sesión ministerial e intensas discusiones con los norteamericanos, declaró que lo que aparecía como una esperanza era, no obstante, "claramente una diversión, y también, un intento malicioso." Giulio Andreotti, el jefe de gobierno italiano, hizo un llamado a la cautela y expresó esperanza en los contactos soviéticos para abrir "una salida política" a la guerra. Y nuestro compatriota Pérez de Cuéllar declaró que la propuesta merecía una cuidadosa atención.

Los árabes, por su parte, reaccionaron divididos. Ocho ministros árabes, reunidos en Egipto, rechazaron categóricamente la propuesta iraquí. "Es una oferta poco sincera que contiene condiciones que han sido previamente consideradas como inaceptables, y han agregado incluso nuevas condiciones" para cumplir con las resoluciones de las Naciones Unidas, declaró Abdel-Meguid, ministro de relaciones exteriores del gobierno egipcio. Las declaraciones oficiales del gobierno jordano fueron, por el contrario, claramente de apoyo a la nueva posición iraquí. "Todo el mundo le ha exigido a Irak el uso de la palabra retiro," expresó el ministro jordano de relaciones exteriores, Ibrahim Izzedine. "Ahora ellos (los iraquíes) han tenido el coraje de pronunciarla y es un gran cambio, es la palabra que creará condiciones para lograr la paz." De igual modo se pronunció Kadafi, agregando que ahora "no existían razones para continuar con el bombardeo de Irak." Y la OLP, indicó que la propuesta conducía hacia una "justa y balanceada solución" del conflicto.

Israel calificó al pronunciamiento iraquí como un "acto decepcionante" y advirtió a su población que se mantenga alerta ante nuevos ataques iraquíes "porque la situación permanece tan crítica como antes."

Los soviéticos, en cambio, fueron inicialmente más optimistas. Un comunicado de prensa de la oficina del presidente soviético Gorbachov declaró que "el informe positivo de Irak fue recibido con satisfacción y esperanza en Moscú." Y minutos antes de recibir al primer ministro iraní, el ministro de relaciones exteriores soviético, Alessandr Bessmertnykh, agregó que la oferta iraquí "abría las puertas para una nueva etapa en el desarrollo del conflicto." Y horas más tarde el presidente soviético enviaba una carta a Bush pidiéndole que postergue el inicio de la campaña terrestre hasta que hayan concluido sus conversaciones con Tarik Aziz, previstas para hoy, lunes.

El salón de la guerra

Reacciones tan dispares, obviamente, repercutieron incluso en el seno del propio Consejo de Seguridad, reunido en forma permanente desde el día viernes para contemplar los alcances del pronunciamiento iraquí. Minutos antes de ingresar a la sala de sesiones de las Naciones Unidas, el sábado 16 el embajador iraquí ante la ONU, Amir Al Anbari, lanzó sin embargo una nueva ofensiva diplomática, aclarando lo que a su juicio habían sido erróneas e incompletas interpretaciones de la posición iraquí. Sugirió que en ningún momento Irak había exigido el cumplimiento previo de las numerosas condiciones impuestas por su gobierno para conseguir un cese al fuego y que todas ellas estaban destinadas a un amplio debate político y no eran ninguna imposición iraquí. La aparición de este nuevo elemento podría eventualmente conducir a una profunda discusión de la propuesta central iraquí, es decir, fijar las condiciones para lograr el retiro inmediato de Kuwait. Es muy probable que Irak proponga un cese al fuego como condición única para materializar su propuesta y postergar sus otras demandas para un debate ulterior.

Los únicos aliados iraquíes dentro del Consejo de Seguridad son Cuba y Yemén. Y fuera de los pasillos alfombrados que transitan los impecables funcionarios diplomáticos, muchos piensan que ambos países, apoyados por Zimbabwe, propondrán una resolución demandando un alto al fuego y el nombramiento de una comisión especial que discuta todos los aspectos relacionados al retiro de las tropas iraquíes de Kuwait. Sin embargo, las propuestas de ambos países siempre han sido derrotadas cuando han sido sometidas a votación en el seno del Consejo. La última de ellas, proponiendo un debate público de las discusiones diplomáticas, fue derrotada por los aliados de EEUU, quienes lograron que las actuales conversaciones fueran declaradas "secretas." "Quieren imponer un nuevo pool informativo del Pentágono en el seno de este organismo," se quejó el embajador cubano Ricardo Alarcón ante la prensa, pero el embajador Pickering de la delegación estadounidense declaró que se había adoptado esa posición "para no enviar (a Hussein) falsas señales de desacuerdo entre sus miembros."

La posición estadounidense sigue siendo la misma: ninguna fórmula de transición debe ser aceptada como condición previa al retiro incondicional de Irak del territorio kuwaití. Tampoco aceptarían una propuesta que conduzca al cese al fuego, pues entienden que ello significaría darle tiempo a Irak para que se reorganice militarmente. Incluso, Bush ha ido más lejos al proponer que Saddam Hussein sea derrocado por su pueblo, puesto que su supervivencia política sería un peligro para la seguridad regional del Medio Oriente.

Pero hasta el momento todo parece indicar que incluso el propio Consejo de Seguridad no emitirá resolución alguna antes de saberse el resultado de las conversaciones que sostendrán el próximo lunes el presidente soviético y el enviado iraquí.

Un rayo de esperanza o una guerra relámpago

La posición abierta de los voceros del Pentágono es continuar con la campaña militar hasta lograr la capitulación total de las fuerzas iraquíes en el campo de batalla, y no en la mesa de negociaciones. Según estimados de dicho organismo militar, las fuerzas iraquíes han sido diezmadas sustantivamente en los últimos días. Aseguran que un tercio del ejército iraquí ha sido totalmente destruido y que la moral de sus tropas, sustentada por las masivas deserciones de los últimos días, son hechos que indican que Irak no puede encarar de ningún modo una campaña militar intensa. Según cifras hechas públicas hoy día, hasta el momento 1,300 tanques iraquíes, 800 carros de combate, 1,100 piezas de artillería y 211 aviones han sido destruidos completamente o puestos fuera de combate. Pero esos mismos estimados son reducidos sustantivamente por las proyecciones de la CIA, cuyos cálculos son muchísimo más conservadores que los proporcionados por el Pentágono, llegando a ser, en algunos casos, hasta dos tercios menos que los reconocidos por las otras fuentes militares.

Ese agudo debate entre las fuentes de la propia inteligencia estadounidense dificulta aún más las posibles opciones militares ulteriores. Continuar la campaña aérea hasta lograr lo que el Secretario de Defensa ha llamado -aunque sin aclarar qué entiende por tal concepto-, "un significativo grado de daño a las fuerzas enemigas" antes de lanzar una campaña militar terrestre, es la posición que prevalece en el seno de los organismos militares estadounidenses y es apoyada resueltamente por la Casa Blanca.

Por el momento, las únicas opciones que se vislumbran en el escenario político-militar están sujetas todas a la propuesta iraquí de retirarse de Kuwait. Una de ellas, impulsada por el ala más intransigente del Pentágono, sugiere incrementar la presión militar al máximo hasta lograr la capitulación militar de Kuwait; es decir, desatar la ofensiva terrestre antes que la situación se empantane en el terreno diplomático. Otra posible vía es que en el curso de la semana siguiente las iniciativas diplomáticas conducidas por los soviéticos conduzcan a una negociación del alto al fuego vinculada con el retiro incondicional de Irak y, al mismo tiempo, la concesión de ciertas garantías para discutir la situación política y militar de la región. O, simplemente, el anuncio de un retiro iraquí sin condiciones de ninguna clase.

Cuando usted lea estas líneas, sabremos si la diplomacia ha triunfado o, por el contrario, si la madre de todas las batallas por fin ha comenzado.

(Nueva York, sábado 16 de febrero de 1991)

EN EL OJO DE LA TORMENTA

En este momento se discute en los bares y en las plazas públicas de Nueva York si la película que se filmará sobre su epopeya -todavía inconclusa-, será filmada este año o a inicios del próximo. Pero en lo que sí hay unanimidad es que el premio Pulitzer de periodismo, distinción otorgada anualmente a los periodistas más destacados del planeta, ya tiene un nombre grabado en la placa: Peter Arnett. Pero se me ocurre que hoy está más solo que nunca, conectado con el mundo exterior apenas por un delgado hilo invisible que diariamente lleva su voz desde las bombardeadas calles de Bagdad hasta un satélite suborbital y desde allí, se disemina hasta todos los rincones del planeta para informarnos sobre las últimas incidencias de la guerra.

"Es mediodía, miércoles. El cielo ha estado muy silencioso hoy día. Ahora el gobierno iraquí está diciendo que los ataques aéreos y los misiles lanzados contra Irak y Kuwait -ahora, creo, en su sétimo día-, están destruyendo no sólo instalaciones militares y estratégicas, sino también instalaciones (sonido inaudible)...Ayer, un funcionario del Ministerio de Información me llevó en una visita de dos horas hacia una fábrica de leche en polvo que produce actualmente fórmulas lácteas para infantes. Y esto está en la parte occidental de Bagdad. Ellos dicen que esa planta ha sido destruida por bombas americanas."

Días atrás, después que las primeras oleadas de aviones dejaron en las desiertas calles de Bagdad un paisaje de escombros y desolación, en la primera pausa del despiadado bombardeo, las autoridades iraquíes exigieron que los periodistas abandonasen inmediatamente Irak, el cercado país en pie de guerra. Bernard Shaw y John Holliman, miembros del equipo periodístico de CNN, decidieron marcharse ese mismo día rumbo a la frontera jordana. Pero Peter Arnett, veterano de cuatro guerras, convenció a las autoridades iraquíes para que le permitan permanecer en su puesto de combate: la habitación 487 del hotel Al-Rashid, se convirtió desde ese momento en la casamata de su vocación, en su centro de operaciones especiales.

"Mi padre se ha involucrado en crisis muy serias que han puesto en riesgo su vida muchísimas veces," escribió sobre él su hija Elsa Arnett en el "The Boston Globe." Recuerda que cuando ella tenía quince años, le confió un día a su padre que quería ser reportera. Dos semanas más tarde Peter la llevaba rumbo a El Salvador, para que viera directamente con sus ojos lo que significaba el horror de una guerra. "Si lo resistes, entonces tu vocación te acompañará toda la vida," le dijo su padre. "Cuando lo escuché describiendo los bombardeos, tuve muchísimo miedo... Y en ese momento descubrí que esa sensación me había acompañado desde cuando era niña," confiesa Elsa. Su padre siempre estuvo trasmitiendo desde la primera línea de fuego todas las guerras contemporáneas.

Peter Arnett nació en Riverton, Nueva Zelandia. Trabajó 20 años como corresponsal de la agencia noticiosa Associated Press. En 1962 fue asignado para cubrir la guerra de Vietnam. "Ha sido el mejor reportero de esa guerra," afirma Thomas Morgan, editor de la revista Esquire. Estuvo desde los inicios de la guerra cubriendo todos los combates. Escribió los mejores despachos sobre las batallas de Ap Bac, Ia Drang, Dak To, Khe Sanh o la ofensiva del Tet. Y junto con el jefe del buró de AP, George Esper, cubrió la caída de Saigón el 30 de abril de 1975.

"Yo soy un corresponsal de guerra. No quiero anquilosarme en un trabajo de escritorio. Quiero estar fuera, reportando desde el campo de batalla tanto como pueda," le explicó un día a su hija. En 1966, Peter Arnett ganó su primer Pulitzer en reconocimiento a sus crónicas enviadas desde el centro mismo de las batallas vietnamitas. Luego de la guerra, convertido en uno de los cinco reporteros más importantes de AP, cubrió la crisis de los rehenes en Irán, la masacre de Johnstown en Guyana. Y ha regresado en muchas ocasiones a Vietnam para elaborar informes sobre las condiciones de vida en aquel país desde el final de la guerra.

"Los reportajes de guerra son mi vida. Me siento completamente absorbido por lo que ocurre alrededor mío y por el esfuerzo que me demanda completar una historia. No tengo tiempo para preocuparme por el peligro," afirma Arnett quien, a la edad de 59 años, ha logrado estremecer al mundo con sus crónicas orales sobre la batalla aérea más importante de los últimos años. Arnett está acompañado por Michel Haj, un camarógrafo jordano que trabaja para Worldwide Television News, una agencia noticiosa cuyos clientes habituales son ABC, CBS y CNN. Arnett cuenta con un tipo especial de teléfono alimentado por gasolina, que le permite vincularse directamente vía satélite con su central en Atlanta, Estados Unidos.

"La televisión iraquí está todavía en el airc. Trasmite cada noche desde las ocho. Bueno, empieza temprano en la noche. Hay muchas horas de entretenimiento. Es interesante decir que, por los primeros cuatro días, hubo música marcial y programación muy militante. Pero ahora han regresado los programas normales de entretenimiento y danza, además de la hora y media del programa informativo donde sí se trasmiten comunicados militares."

Este tipo de informes ha irritado enormemente a los funcionarios del Pentágono. El único filtro de información directa desde el mismo lugar de los acontecimientos, lo constituyen los vívidos reportes orales de Arnett. Ni siquiera los satélites militares han podido recoger con tanta meticulosidad los perfiles alterados del paisaje urbano de una ciudad castigada por miles y miles de bombas, la atmósfera humana que allí se respira, las modificaciones de las costumbres sociales bajo un estado de guerra permanente. En una conferencia de prensa absolutamente inusual en la historia del Pentágono, en la que por primera vez un funcionario oficial de la administración estadounidense formulaba una queja formal por la conducta de un individuo, Martin Fitzwater, vocero de prensa de la presidencia, dijo que los informes de Arnett eran "totalmente inadecuados."

Pero Peter Arnett ha estado trabajando como corresponsal de CNN en Jerusalén en los últimos años. Y antes de estar en Israel, trabajaba en Washington como corresponsal especialista en asuntos nacionales e internacionales de seguridad. Y antes de llegar a la capital federal, estuvo desde 1986 hasta 1988 en Moscú, como jefe de buró y corresponsal especial. Cubrió desde las cumbres de las superpotencias hasta la liberación de los disidentes. Algunas de las historias que ha cubierto desde su ingreso a CNN en junio de 1981 incluyen "Fuego en el Traspatio," un agudo reporte sobre la crisis en América Central. Y en 1984 viajó con una delegación de la Cruz Roja Internacional a Etiopía para cubrir levantamientos ocurridos en aquella parte del mundo.

"En nuestra habitación, en las oficinas de CNN, tenemos cuatro computadoras portátiles, pero ninguna de ellas trabaja. Las pilas se agotaron hace tiempo y no tenemos agua caliente. Yo me paso buena parte del día tratando de encontrar maneras ingeniosas para asearme. Tengo un montón de ropa que no sé cómo lavar. Probablemente me tome un buen tiempo para lucir mínimamente presentable. Pero básicamente estoy alrededor del teléfono para poder usar este aparato, el M-R Sat...No hay censura de ningún tipo sobre los videos que estamos mandando..."

"¿Por qué no has querido salir, Peter?"

"¿Que por qué no me he ido? Yo he estado en situaciones mucho más peligrosas a lo largo de mi carrera, Bob, y con mucho menos atención de lo que estoy consiguiendo aquí. Yo no creo que estoy en un real peligro aquí en la ciudad. Esta es una guerra aérea cuyos objetivos son instalaciones estratégicas. Estoy con funcionarios interesados en que el punto de vista de ellos sea oído por el resto del mundo. Ellos están preocupados por nuestra seguridad. Pero el hotel está funcionando. Yo no creo que haya ninguna razón en el mundo para que me vaya."

La voz de Peter Arnett resonará aún por mucho tiempo. La guerra continúa. Y su voz la testimonia para las generaciones que vendrán después que esta insania colectiva haya desaparecido por completo.

IV. INSOMNIOS Y VIGILIAS

MEMORIAS DE METAL

Manuel despertó alarmado por un penetrante dolor en el muslo derecho. En medio del sopor de la madrugada, supo entonces que el otoño abandonaba las calles vacías del amanecer. En el oscuro pavimento mojado por la lluvia, algunas hojas amarillentas eran arrastradas lentamente por los primeros vientos de noviembre. El metal helado quemaba sin piedad sus músculos y, al friccionar con energía la zona afectada, no encontró alivio alguno a esa punzante agonía de sentir un cuerpo ajeno incrustado en su piel, una barra de acero que estuvo con él desde aquellos lejanos días de la guerra como si fuera una encarnación perpetua de sus pesadillas. En aquellas ocasiones, la memoria de la herida brotaba en medio del insomnio y otra vez, intacto, el recuerdo era un metal derretido que penetraba como un río de lava hirviente en su conciencia adormecida por el alcohol y las memorias. Removía puertas prohibidas y abría otra vez pasajes secretos, olvidados pasadizos del tiempo, aquellas temibles aldabas de la nostalgia.

Cuando cambió de posición en búsqueda de alivio, encontró al final del sueño la mano llena de ternura de su mujer y la escuchó decir, casi musitando, que todavía no era el momento para la ira o el maldito recuerdo. "Duerme," le dijo. "Ya no pienses," le imploró. Pero Manuel no pudo escucharla. A esa hora acababa de llegar el teniente Wooodrow y la orden era llevarlo detrás de las líneas enemigas en una misión rutinaria de inteligencia. Además, se le había instruido que una de sus responsabilidades era guiar al oficial en sus primeros quince días de egresado de West Point. "Cada vez nos lo mandan más jóvenes," pensó.

Con las primeras horas del amanecer el helicóptero despegó de su base y poco tiempo después dejaba al pelotón en medio de un claro en la jungla enemiga. Caminaron por más de cuatro horas tratando de encontrar el punto aquél señalado en el mapa y cuando creyeron estar en el lugar, no escucharon ni vieron nada, salvo la espesura silbando como una espada en el aire, la vegetación convertida en muro de hojas y raíces. Manuel se comunicó con la base y le dieron una hora precisa para recogerlos. La misión había fracasado. Otra vez el Vietcong era invisible.

Todavía sentía el músculo adolorido y Susan le tocaba el cabello cuando se sentaron a descansar antes de emprender la marcha hacia el punto del repliegue. Woodrow estaba con la espalda apoyada en un tronco. El fusil automático descansaba sobre sus muslos y a menudo se limpiaba con el pañuelo de la novia ausente el copioso sudor del pecho, como si quisiera sentir su abrazo en medio de tanta fatiga. Los otros cinco marines estaban igualmente embrujados con el paisaje hiriente del mediodía. Y lo único que Manuel recuerda ahora es que en ese instante una línea de metralla empezó a descender súbitamente por el tronco hasta partir prácticamente en dos al joven oficial, sentado enfrente suyo, apenas a tres metros de distancia. Fue entonces que sintió un intenso ardor en el muslo y apenas si tuvo tiempo para intentar comunicarse con su base pero no logró articular palabra alguna: lo único que le botaban eran palabras en español, antiguas maldiciones de su pueblo, allá en las montañas de Puerto Rico, pero olvídate ya de eso, Manuel, es mejor que te duermas.

El viento penetraba como un cuchillo a través de las rendijas de la rústica vivienda que con plásticos y cartones había levantado en plena Avenida de las Américas, a un costado de la estación West Four, en el bajo Manhattan, y cuando se despertó por completo se disipó la jungla pero no encontró a Susan, y ni siquiera recordó si alguna vez vivió con ella. Lo único que estaba a su lado era la primera plana de un periódico de ayer. Escupió con desdén, como si lo hubieran despertado de sus paraísos artificiales y después de leer el titular del *The New York Times*, por un instante sonrió tratando de adivinar cuántos de aquellos hombres que aparecían retratados instantes antes de abordar el avión rumbo al Medio Oriente, estarían mañana igual que él, habitando sin descanso las calles del recuerdo como una maldición eterna.

Un tren subterráneo estremeció el suelo y volvió a los brazos de Susan. Pero esta vez para siempre.

LOS CONVERSOS

Fieles practicantes de algún oscuro rito, devotos de religiones ocultas o antiguos usuarios de ideologías malditas, los conversos son –o pretenden ser– los abanderados dolientes de sus antiguas culpas y padecimientos. Son militantes eternos del desdoblamiento o la dicotomía, ciudadanos fronterizos entre lo que fueron y lo que no serán jamás. Viven siempre en las penumbras, huyendo de sí mismos como de la peste en la edad media.

Convertidos de la noche a la mañana en estandartes vivientes de su nueva fe, los conversos son los nuevos extirpadores de idolatrías putrefactas, exorcistas implacables del satán que un día veneraron con incienso y mirra. No se les diga nunca lo que un día fueron. Son capaces de argumentar hasta el infinito, más allá de los tiempos, sobre cómo dejaron de ser lo que anoche fueron y hoy maldicen hasta el cansancio.

Miembros secretos de una ínfima cofradía, los conversos son generalmente reclutados, por la noche, de los arrabales de la inteligencia humana. Odian la escala cromática de los tonos grises: el mundo les es blanco o negro; cielo o infierno; paz o guerra; ellos solamente, pero jamás los otros. Viven desesperadamente en contra de lo que un día apoyaron sin reservas de ninguna clase. Como el pasado –o la historia– los compromete, prefieren ser transeúntes del momento, habitantes furiosos del instante, seres que huyen del ayer porque entonces fueron otros, aquello que hoy día aborrecen con lujuria.

Muchos testigos señalan que suelen castigarse con severidad frente al espejo de sus vidas porque su rostro es el mismo –exactamente el mismo– que aparece en las amarillentas fotografías que delatan sus antiguos entusiasmos, y lo revelan tal cual cuando aún era otro, aquél que hoy día es su antítesis, su más lejano parentesco.

Los conversos son más rigurosos con las reglas o principios de sus nuevas creencias que sus legítimos usuarios. Desconocen la palabra tolerancia y se inclinan más bien reverentes y circunflexos ante sus nuevos becerros de oro, no importa si son los mismos que antaño escupieran con desprecio: "tenemos derecho al equívoco," exclaman a coro, "nos obligaron con armas y machetes." Arremeten entonces con lanzas y diatribas contra sus propios fantasmas y personifican en otros, siempre en otros, sus fobias más recientes. Usted los puede escuchar no renegando de sí mismos: reniegan de los demás, pero sobre todo, de sus antiguos cofrades.

Son capaces de llegar al vómito y al alucinado espasmo si sus iras más recientes son encarnadas por algún anónimo y pacífico vecino; son los primeros en levantar el dedo índice acusador, la daga envenenada, en soltar la guillotina sin el menor escrúpulo sobre la nuca de sus antiguos camaradas, con quienes hasta ayer era fidelísimo hasta la obtención perfecta del brillo impecable en aquellas botas que lustró sin miramiento alguno.

Los conversos, en fin, pertenecen por derecho propio al continente sicológico donde la duplicidad es la madre de todas las conductas y están siempre con un pie en los cenagosos territorios de la esquizofrenia personal: son dos al mismo tiempo, pero uno de ellos agoniza mientras el otro se asesina con el doloroso puñal de la extrema culpa.

Yo también fui uno de ellos: converso, convicto y confeso, con todos.

¡OH, EL INOCENTE COMISARIO!

En las desaparecidas dictaduras del mundo comunista, un siniestro personaje deambulaba entre las sombras, cubierto a veces por un grueso abrigo con el cuello levantado hasta las orejas, y con un eterno sombrero negro que protegía una invariable cabellera blanca, o una calvicie incipiente. Las cejas espesas se retorcían en arcos sinuosos, profundizando su tétrica mirada, y sus manos, temblorosas, surcadas por venas salientes que revelaban su constante ira ante la vida, estrujaban el catálogo perfecto de lo que debe decirse siempre y lo que nunca se puede, ni siquiera en voz baja, pronunciar.

Cuentan sus sobrevivientes que caminaba lento, con las manos en la espalda y el cuello inclinado hacia el suelo, supervisando el trabajo de los demás, anotando en su mugrosa libreta el nombre de sus imaginarios antagonistas, describiendo con lujo de detalles el momento exacto en que se desviaban de la línea impuesta por aquellos que lo mantenían como asalariado perpetuo del poder.

Espía de la libertad ajena, nuestro amigo el funcionario se detenía sobre amarillentos manuscritos y enseguida tachaba a sus adversarios con un simple gesto de cabeza; y sin rubor alguno, si se creía contradicho podía condenar a su misma madre al paredón del silencio absoluto, la ceguera perfecta, la mudez total.

De ese modo, casi sin proponérselo, en aquellas tierras del este acentuaba su bien ganada fama de impecable funcionario al servicio de la única línea posible de pensamiento: la de sus amos. Incapaz de pensar por cuenta propia, su única misión sobre la tierra consistía en imponer a los demás el pensamiento petrificado de sus ídolos, la línea oficial, la única verdad sobre la tierra. Y en las oscuras mazmorras donde intentaba encarcelar los pensamientos, ¡piensen todos como yo!, recitaba con emoción infinita, ¡abajo el pensamiento ajeno!, era su único lema.

Mientras el eco de sus pasos resuena por las galerías subterráneas donde se imprimen las ideas aceptadas por sus líderes, imposible hablarle de disenso. Y mucho menos de debate. Acostumbrado a perseguir ideas, sueña con tenebrosas conspiraciones, descubre enemigos hasta en el aire que respira. Y ese es su único alimento. Lo demás, a la basura.

Pero hoy que se han derrumbado los falsos ídolos, otros seres, igualmente tenebrosos, pretenden sustituir al antiguo comisario de las dictaduras del este con novísimos personajes que se alimentan todavía del olor de las imprentas, pero que visten *bluejeans* y conducen coches deportivos. Desaparecida la tinta y los daguerrotipos de antaño, por medios electrónicos escribe memos a sus superiores denunciando a sus colegas, y sueña con visitar algún día los cuarteles de la CIA para enseñarles a sus hijos el tótem del presente. ¡Pobre de aquel que opinó en contra de la Guerra del Golfo, maldito el que reclame independencia o hable de tercermundismo!

En este país, sólo el *Washington Post* o el *The New York Times* son la biblia del momento. Los demás, son periódicos de ayer.

LETRA MUERTA

Suelen usar un traje azul oscuro y chillonas corbatas oprimen sus cuellos hasta reventarles las venas. Puntuales como el sol, marcan la tarjeta de asistencia en cualquier dependencia estatal y son muy atentos con las secretarias, porque detrás de ellas siempre están los jefes. Conocen de memoria los desplazamientos exactos de sus patrones y a veces se imaginan ser protagonistas de las apasionantes historias que envuelven las vidas de aquellos por cuya boca hablan y cuyos sueños o pesadillas transcriben minuciosamente.

Tal vez algún día quisieron ser escritores o políticos, pero el tiempo los fue empujando a las orillas malolientes de las profundas ciénagas del pensamiento congelado y el cheque seguro a fin de mes. Y allí están, caminando al lado de sus ídolos, teniendo acceso a los banquetes, sugiriendo lemas y temas en las sesiones llamadas con decoro "tormenta de ideas." Son tan minuciosos que hasta pueden afirmar si sus clientes tienen pesadillas en la medianoche y nos revelan sin ninguna duda sus gustos más íntimos, las ocultas pasiones que devoran la mente de sus patrocinados.

Son ellos, los escribidores profesionales, quienes nos acercan con naturalidad al desconocido pensamiento de nuestros líderes, nos permiten leer en español a quienes ni siquiera saben comprar manzanas en otra lengua que no sea la suya. Pero no importa: gracias a los anónimos escribidores, mañana, en estas mismas páginas, tal vez al lado de estas letras, sabremos qué piensan nuestros líderes sobre temas tan estúpidos como las ecuaciones de la democracia o el dolor que sienten cuando balas perdidas asesinan a un niño hispano desconocido. No importa que sus patrones jamás hayan pensado —o se hayan conmovido— ante tales hechos cotidianos. El escribidor de turno nos dirá si su jefe sintió "un dolor profundo en el pecho."

Los hay por cierto más sofisticados, que acceden por derecho propio al parnaso literario, luego de escribir por años los discursos de los hombres y mujeres más poderosos del planeta. Conceden entrevistas y publican libros y hasta pueden atreverse un día a publicar sus memorias intactas, el vívido recuerdo de cómo reyes y presidentes de corporaciones fueron, en última instancia, actores protagónicos de sus insípidos libretos.

¿Qué lleva a estos hombres y mujeres a escribir imaginarios discursos y firmarlos con el nombre de otro? Más allá de la dudosa calidad de sus escritos, si por casualidad alguna de sus ideas fueran aplicables, indudablemente el mérito nunca sería suyo, siempre sería del otro. Por el contrario, el escriba arrastrará hasta los últimos infiernos de la mediocridad humana el baboso estandarte del pensamiento ajeno y será señalado como un vulgar plumífero a sueldo, un escribidor de ajenas audacias. ¿Se trata entonces de un fin puramente mercantil? Parece que no. Muchos de ellos creen profundamente en su misión y se enorgullecen de ello al sacar la American Express para cancelar la visita familiar al zoológico y contemplar aquella otra famosa especie en peligro de extinción: los escribas de todos los pelajes. Pero hay que tener sumo cuidado al escribir sobre ellos: pueden ser los próximos asesores de seguridad nacional de este país.

Miembros vitalicios de una sociedad secreta cuyo símbolo es la máscara perpetua, los escribidores pueden afirmar, como Rimbaud, "yo es otro." El único placer reservado a estos seres es leer su propio artículo y atribuírselo a su víctima: como el apócrifo autor de esta columna, a quien todavía no conozco, y que usurpa día a día nombres siempre ajenos.

EL HOMBRE GRIS

La última vez tenía la mirada perdida en el East River, con el rostro inclinado sobre el cristal de la puerta en uno de los vagones que cruzaban el Manhattan Bridge rumbo a la ciudad. A esa hora el sol trepaba lentamente por los metálicos edificios de la isla y ningún brillo en el agua distraía a este hombre, quien, agobiado por sus fantasías, deambulaba tal vez por los pasadizos de las oficinas del secretario general de las Naciones Unidas o, simplemente, desayunaba por enésima vez en los espléndidos jardines de la Casa Blanca. Y conforme el tren se iba acercando al oscuro túnel del subterráneo, recordé que no era la primera vez que lo evitaba: observarlo desde lejos, rastrear los débiles ecos de incoherencia que emanan de su impredecible conducta, ha sido para mí, desde que lo conocí, un angustiante ejercicio de interpretación. ¿Quién es este personaje que un día aparece convertido en jefe de la sección internacional de una agencia noticiosa y al día siguiente es presidente del partido mundial de la esperanza?

Algunos dicen que llegó del Perú dejando una estirpe aristocrática súbitamente desaparecida, pero su rostro indígena lo desmiente. Otros suponen que arribó a las costas de San Francisco después de catorce días de navegación, escondido en las bodegas de un barco carguero y que fue allí, en medio de la oscura soledad de ese encierro, que aprendió a combatir la fatiga y el hambre con rabiosas imágenes que surgían de su mente atormentada como si fuesen frutas salvajes, unos breves espasmos que saciaban su tristeza. Pero ninguno sabe a ciencia cierta los rasgos exactos de su rúbrica temblorosa ni se conoce tampoco la fecha en que empezaron sus magníficos desvaríos. Sólo tenemos el enfebrecido tono de su voz, los gestos ampulosos subrayando sus discursos, el gastado traje que delata sus pesares y lo cubre de gris, siempre de gris, imponiendo una severa gravedad a su figura.

Cuando lo conocí no supe quién era. Pero desde entonces no he podido olvidarlo. Imposible diluir en la memoria su asombrosa seguridad para dislocar el orden natural y lógico de las normas sociales. *Americas Society* organizó hace un tiempo un almuerzo-conferencia para presentar al periodista Enrique Zileri, director de la prestigiosa revista peruana *Caretas*. Lo acompañaban en la mesa principal Pedro Pablo Kuczinski, ex-ministro de energía y minas peruano, entre otros altos funcionarios del mundo de las finanzas y de los círculos diplomáticos acreditados en New York. Interesados por los acontecimientos políticos del Perú, todos siguieron atentos la conferencia del periodista. Al final, a la hora de las preguntas, el hombre de gris pidió la palabra y no dejó de hablar en veinte minutos, cuando prácticamente le arrebataron el micro de las manos. Antes había saludado a "su" colega Enrique y a su "gran amigo" Pedro Pablo y a ambos les trasmitió el saludo de Nancy "con quien desayuné esta mañana" en la Casa Blanca. Y en su afiebrada intervención llegó a ser implacable con quienes vivían "explotando el nombre del Perú" fuera de sus fronteras.

Meses más tarde su enigmática presencia invadía las pantallas de televisión. Yo había sido contratado para dirigir la grabación del evento político hispano denominado "Somos Uno." Hablaba Mario Cuomo, el gobernador de New York, y de pronto, al ordenarle a uno de los camarógrafos un plano de conjunto de una de las mesas, volví a verlo, sentado al lado de un grupo destacado de políticos hispanos, con quienes comentaba animadamente los principales fragmentos del discurso del conferencista, mientras se ensanchaba con un dedo el apretado cuello del smoking blanco que vestía. Por entonces era director ejecutivo de una organización política hispana de la costa occidental, denominada "Tú Primero."

Hoy me pregunto si no he ser, yo también, hechura y víctima de sus alucinaciones o uno de sus sueños más temidos: escribir de mí mismo y adjudicar a otro mi más secreta personalidad, ser el hombre gris de las anónimas multitudes, el loco suelto agazapado en su escondrijo que mira a un desconocido en el tren que ya está en el túnel.

LA ÚLTIMA ESTOCADA

Hace unos días conocí a una periodista colombiana que vive en inminente peligro de muerte. Esta muchacha, cuyo nombre no he aprendido todavía de memoria –pues hasta olvido libros enteros o confundo entre sí títulos de obras leídas–, vive a salto de mata entre un continente y otro, visita casas de amigos con quienes vive a veces una semana o dos, pero jamás un mes entero.

El día que la conocí llegaba de visita a la casa de una amiga común y fui yo quien salió a recibirla. Sumamente cansada por un largo viaje desde París, me pidió que la ayudara con su equipaje. Mientras buscaba en su cartera las monedas apropiadas para pagar el taxi –confundida entre los dólares y los dracmas griegos–, me señaló una maleta y ella cargó con otra, más grande que la mía. Por cortesía le sugerí ayudarla más bien con la suya, pero ella se negó, con una malévola sonrisa en la boca. Cuando intenté levantarla me di cuenta por qué estaba tan divertida con la extravagante idea de verme subir tres pisos por las escaleras del edificio con la maleta a cuestas. Se trataba de sus libros, una aplastante tonelada de papel que traslada sin vergüenza entre un país y otro. "¿Cómo puedes viajar con esto?," le pregunté. "Siempre encuentro quien me los cargue," contestó, con lo cual no me quedó más remedio que seguir dos pisos más con el mundo encima.

Cuando llegué al departamento, media hora después de haberla visto subir agilísima delante mío, tuvo la osadía de pensar que me había extraviado en el trayecto. La noté inquieta y nerviosa ante la intempestiva posibilidad de perder su biblioteca rodante, nada menos que en manos —o en hombros— de un desconocido que arrojaba exhausto la carga en medio de la sala, como si se tratara de un bloque de granito. Indiferente ante mi evidente cansancio, ella —cuyo nombre no recuerdo— después de hurgar con la vista por todos los rincones de la casa, preguntó dónde quedaba su dormitorio. "Estás parada encima de tu cama," le dije por venganza. Desconsolada, se percató que esa noche dormiría sobre la alfombra.

A la mañana siguiente supe que esta muchacha paga sus cuentas telefónicas en tres continentes, agua y electricidad en dos y cada fin de semana recibe su correo simultáneamente en todos los lugares donde ha residido: temiendo no encontrarla en su última residencia conocida, sus amigos siempre le envían cartas por quintuplicado y las reparten por todo el mundo.

Y al llevarla hacia la estación de tren más cercana, la primera frase de júbilo no fue por el barrio, ni por el hermoso trayecto hacia el subterráneo, en plena primavera: ahí está mi banco, gritó. Y enseguida anotó en su libreta las coordenadas del lugar pues tenía urgencia de hacer unos pagos pendientes desde su última estadía en este país. En efecto, cuatro horas después de despedirnos, mientra yo hacía cola para preguntar en mi banco por los resultados de una solicitud de crédito —que me fue sumariamente negado en menos de veinticuatro horas—, la encontré parada delante mío, cancelando con puntualidad metodista sus compromisos financieros.

Al día siguiente volví a encontrarla por pura casualidad en el centro de Manhattan. Caminamos un par de cuadras y la encontré tan radiante como siempre. Pero mi angustia creció aquella misma noche: cruzando el puente Brooklyn, luego de ver una obra de teatro en Broadway —cuyo título me hizo suponer, equívocamente, que había leído la novela original—, confesó que en un remoto país árabe unos periodistas australianos le habían hecho la misma pregunta que yo temía hacerle: ¿no tienes miedo a que te pongan una bomba?. No, respondió, pues ya lo han hecho. ¿Que atenten contra tu vida? La verdad que no, insistió, pues ya mataron a mi hermana. ¿Tal vez que atenten contra tu periódico? Tampoco, dijo. Lo han volado como tres veces.

En ese momento entendí por qué los periodistas en Colombia han desarrollado, como ella, el anti-narco-cinismo que los protege como si fuera agua bendita. ¿Se llamaba María Cristina? Soy pésimo para los nombres. ¿Y qué hacían en Arabia Saudita unos periodistas australianos? Eso tampoco lo sabré nunca.

TRUMP: LAS TRAMPAS DEL AMOR

Al descender del avión, Donald sintió en el rostro la suave brisa del mar. Esa sensación de bienestar que ahora sentía fue durante años el preludio a la tranquilidad del retiro silencioso. Abandonar cualquier día el invierno del nordeste de la costa atlántica y encontrarse de pronto con el eterno verano de Florida, era un enorme privilegio que supo apreciar con el tiempo. Y aun cuando el viaje le significara algunas horas de vuelo, al alejarse del ritmo trepidante de los compromisos sociales adquiridos —o de las interminables reuniones de directorio donde consultaba con sus asesores más cercanos el flujo de sus inversiones y el seguimiento cotidiano de sus operaciones financieras—, Donald sabía que no había nada mejor que disfrutar de un día soleado en las deslumbrantes playas de arenas blanquísimas que había adquirido cinco años atrás, por recomendación de un amigo de Wall Street, un inversionista convertido de pronto en un verdadero experto en vender paraísos terrenales.

No se equivocó al elegir como lugar de descanso la mansión de Palm Beach. Edificada por un arquitecto italiano que había privilegiado los espacios amplios y ventilados, con mucha iluminación, la mansión del matrimonio Trump se apreciaba desde las zonas aledañas como una imponente construcción desde la cual se podía dominar el horizonte marino en toda su amplitud. Luego de atravesar un muro de árboles y plantas nativas —minuciosamente cuidadas para rodear a la mansión con un cerco natural—, para llegar a la casa los visitantes cruzaban un extenso jardín sembrado de palmeras y, luego de un trecho, eran recibidos en el vestíbulo principal por solícitos guardianes, atentos a cualquier movimiento. Más tarde eran conducidos hacia el vestíbulo principal de la mansión, decorada al gusto de sus propietarios por una exclusiva casa de diseño de interiores.

Mientras subía a su limousine, con un breve gesto —agitando apenas el puño en el aire— Donald aprobó el esfuerzo desplegado por sus guardaespaldas para evitarle un encuentro con los hombres y mujeres de la prensa americana, que habían pasado los últimos tres días en los linderos de sus propiedades, con sus cámaras listas para registrar precisamente este instante, con la intención de registrar desde lejos la última mirada al pasado, congelar con un click la nostalgia infinita del amor perdido, o retratar ese fulgor extraño en los ojos que delata el hallazgo de un nuevo entusiasmo.

Y conforme se alejaba del sonido de las turbinas detenidas del Boeing 727, parqueado exhausto en un extremo del aeropuerto privado, mientras avanzaba a toda velocidad por una de las pistas auxiliares del aeródromo, Donald apoyó la frente en la ventana del asiento trasero y tuvo la certeza de estar siendo filmado a distancia por esa nube imprecisa de periodistas, y de pronto recordó aquella tarde lluviosa, en un camino pedregoso de Smoky Mountains, las montañas donde vivieron los antiguos indios Cherokee, cuando su padre le señaló en medio del bosque la presencia de un venado, que huyó tan pronto sus ojos hicieron contacto con los suyos. El sintió ahora esa misma mirada, y tuvo deseos de correr.

¿Se había convertido acaso en el hombre más importante del planeta? ¿Eran ciertas las bromas de sus colaboradores, las recomendaciones de sus asesores? Cuando la limousine abandonó velozmente las instalaciones del campo de aterrizaje, respiró aliviado. Por obra y gracia de sus guardaespaldas, esa nube molestosa de periodistas se mantuvo lejos. De ninguna manera seres anónimos lo forzarían a un encuentro que no hubiese sido minuciosamente preparado y dispuesto por él. Solamente él decidiría cuándo y dónde reunirse con la prensa. Donald entendía que era privilegio suyo dictar el modo y los temas de la conferencia. Y por el momento no tenía ningún deseo de someterse al, probablemente, despiadado interrogatorio de los encuestadores de turno. "Están enfermos," pensó. "Están enfermos."

En ese instante marcó un número telefónico desde su celular y escuchó por un momento algunos timbrazos en el otro lado de la línea. Le respondió Larry Russo, uno de sus socios más cercanos. Desde que se conocieron e hicieron amigos, Donald siempre pensó que Larry tenía un talento natural para el arte de los negocios. Frío, calculador, por momentos distante, le había llamado la atención su especialidad para detectar lo que algunos llamaban "bocattos di cardinale," empresas que prometían magníficos dividendos pero que, por obra de una mala administración, sucumbían bajo las presiones del movimiento fluctuante de la bolsa. Larry entonces las rescataba con simples pero eficaces traslados de capital provenientes de la organización financiera M.J. Raynes —de la cual era uno de sus principales accionistas— y las oxigenaba de ese modo para siempre, rescatándolas de una muerte segura.

Nacido originalmente en Harrison, New York, Larry Russo había estado comprometido en la adquisición del Herald Center, uno de los cuatro edificios de Manhattan vinculados a Ferdinand e Imelda Marcos. Experto en adquisición de construcciones y terrenos, apenas con 31 años de edad, dos días atrás Larry había aceptado sin condiciones el inmenso favor solicitado por Donald. Ahora, cómodamente instalado en su lujoso penthouse en el Bajo Manhattan, en plena bahía, desde donde solía observar con telescopio el movimiento de las muchedumbres en las calles —y sobre todo viendo el escote atrevido de las turistas europeas, o

Rodolfo Pereira

entreteniéndose por las noches hurgando por los ventanales de los edificios lejanos—, Larry levantó el teléfono, después de reconocer en su contestadora la voz inconfundible de su amigo.

"¿Cómo se encuentra?," preguntó Donald. "Creo que está bien," le respondió Larry, con aplomo, mientras acariciaba la pelambre de su perro pekinés. Más tarde le comentó que, hasta el momento, la prensa no había podido romper el cerco de seguridad que había dispuesto alrededor de su mansión ubicada en las exclusivas playas de Southampton, residencia valorada en tres millones de dólares y uno de los máximos orgullos del joven pero exitoso inversionista.

—Marla se pasa todo el día encerrada en su habitación, mirando HBO y suspira por ti todo el día— bromeó Larry. Lo único que tiene en la refrigeradora es una pequeña botella de vodka, de esas que te regalan en los aviones, y media botella de un vino cabernet Concha y Toro. Ya podrás imaginarte, señaló Larry.

Después de recomendarle mucha prudencia para encarar el constante acoso de la prensa, Donald insistió en la necesidad de mantener a Marla alejada de toda actividad pública. Y cuando escuchó que ella se había quejado con uno de los mayordomos por el extraño color que estaba adquiriendo su piel, un tono más pálido que de costumbre, lo único que se le ocurrió en ese momento fue sugerirle que tome baños de rayos ultravioletas en el gimnasio de la mansión. "Pero de ninguna manera debe entrar en contacto con la prensa," dijo Donald.

—Ya lo sé, no me lo digas, La Novicia Rebelde— volvió a bromear Larry.

Al despedirse, ambos quedaron en volver a conversar dos días más tarde para volver a estudiar la situación.

La lujosa residencia donde Marla intentaba evitar el aburrimiento resolviendo crucigramas de viejos periódicos, estaba decorada íntegramente con modernos muebles blancos de finas maderas importadas. Enormes puertas de vidrio comunicaban los amplios espacios interiores con el jardín posterior de la casa. Allí, una piscina en forma de riñón se mantenía clausurada por la temporada: el agua era todavía una fina capa de hielo amenazante. Pero en los sótanos de la casa, el joven inversionista, obsesionado sin duda con la idea de mantener siempre erguida su espalda —a diferencia de su padre, un inmigrante polaco que toda su vida padeció una escoliosis crónica y deformante—, decidió modificar los planos originales de la casa y construyó un gimnasio completo, con las máquinas más modernas del mundo, y le añadió una sala de sauna, otra de masajes, y un cuarto de vapores alimentados diariamente con hojas de eucalipto importado de las montañas andinas del Perú.

Enfundada en una malla que resaltaba los contornos de una silueta perfecta, Marla se paseaba entre aquellas máquinas con un jugo de naranja en la mano y una toalla en la nuca, sudorosa y exhausta, después de trotar más de cuatro millas en el sendero sintético construido en la primera mezanine del gimnasio, una plataforma circular suspendida alrededor de la pista de squash.

Al estallar el escándalo de su probable divorcio, Donald decidió que ese lugar era el escondite perfecto para su amada, ya que la residencia de su amigo Larry era, según él mismo se encargaba de difundirlo, una verdadera fortaleza inexpugnable. Y a pesar de estar en profundo desacuerdo con un aislamiento total que en nada la favorecía, puesto que estaba impedida de hacer llegar sus respuestas a los insidiosos comentarios de su rival, la todavía esposa de Donald, Marla aceptó de mala gana vivir por unos días en casa de Larry, y no encontró mejor manera de relajarse que bajar todos los días antes del desayuno al gimnasio, dispuesta a eliminar cualquier exceso de la noche anterior.

Lo único que la molestaba en esos días era el crudo invierno del nordeste del país, que le impedía cumplir con uno de sus hábitos cotidianos: nadar dos millas diarias al aire libre, sentir la voluptuosa liquidez del agua despertando todos sus músculos, disolviendo los rasgos nocturnos que endurecían su piel. Sin embargo, no se sentía encerrada, a pesar de vivir permanentemente vigilada bajo la mirada de cinco guardaespaldas, que no la dejaban sola ni un instante. Si quería vivir con el hombre más rico del mundo, tendría que asumir cualquier sacrificio. Y vivir por unos días en una urna de cristal no era tan malo, como le decía Larry. "Sólo tienes que aprender a decir chisss."

Después de colgar el celular de su limousine, Donald accionó el botón automático del aire acondicionado y se aflojó la sofocante corbata. Ordenó a su chofer ir un poco más rápido y conforme se acercaba a su mansión, pensó un momento en sus hijos —a quienes vería hoy día, impecablemente vestidos al lado de su madre, como si fuesen a asistir a un torneo de polo en el club de la comunidad— pero la súbita visión de las lejanas palmeras de su mansión lo alejaron despiadadamente del recuerdo de sus herederos y en lugar de la evocación, surgió el presente, el despiadado instante de la verdad.

Allí, en su mansión de Palm Beach —que empezaba a divisarse entre los frondosos árboles mientras su coche se internaba por la vía de acceso principal—, se encontraba su actual esposa, Ivanna Marie Zelnickova Winklmayr Trump. Era la primera vez que se verían después del escándalo anunciado por la prensa: tras catorce años de matrimonio, Donald había decidido divorciarse. Pero Ivanna no. Y él no lo sabía.

Subió de tres en tres los escalones de las escaleras de mármol, dejó su saco en uno de los muebles del pasadizo del segundo piso y se detuvo un instante en una puerta de madera tallada, tomó aire, repasó mentalmente sus palabras y tocó la puerta.

Lo primero que haría sería mirarla a los ojos, y permanecer en silencio por unos instantes. Seguramente Ivanna creería que otra vez llegaba cansado de tanto trajinar por el mundo, y extendería sus brazos para abrazar al hombre que amaba. Preguntaría por los hijos, por supuesto, y si se encontraban por casualidad en la recámara de su madre, llamaría a la mucama por el interno para que los lleve a mirar el lago artificial a espaldas de la casa. La idea era quedarse a solas con Ivanna, y obligarla a ingresar en un tiempo pausado, esa corriente subterránea llena de pausas y pequeños instantes de inmovilidad que aplaca los excesos y atempera los ánimos más exaltados. No la besaría, no caería en la tentación de sucumbir ante la promesa de una reconciliación miles de veces postergada, y que los años disolvieron lentamente, como si fuera una pintura desvanecida bajo la lluvia. Le hablaría de los años transcurridos, y de la necesidad de renovarse. Mientras más tiempo permanezcamos juntos, más daño nos haremos, repetía de memoria. Y le haremos mucho daño a nuestros hijos. Mirando aquella puerta de madera, esa pesada frontera entre su pasado y su futuro, Donald volvió a repasar mentalmente su discurso. Y aunque se le olvidaron las palabras exactas —Marla a esas horas volvía a trotar por el circuito sintético del gimnasio— mantuvo intacta la sensación de estar allí obligado por las circunstancias, y que estaba obligado a representar un papel que sólo él podía desempeñar y que nadie, ni siquiera sus allegados más íntimos, podrían ejecutarlo con la maestría de su verdadero creador.

Tocó la puerta y nadie respondió. Entonces decidió empujarla con la palma abierta de la mano y descubrió aterrado, allí en el fondo de la habitación, casi a contraluz, mientras una brisa fresca ingresaba por la ventana abierta del balcón que da al jardín principal, moviendo en una danza sutil a las cortinas trasparentes e inundadas de luz, allí, en una esquina de la habitación, en el mismo lugar donde se habían jurado tantas veces amor eterno, su voz se levantaba como un animal herido y se imponía en el silencio total de la tarde, su rostro era el mismo de siempre, pero esta vez unas ojeras acentuaban su imagen de desamparo, allí en la televisión, Ivanna respondía a los reporteros que no, que no se divorciaría.

Desde las gradas del Hotel Plaza, había declarado la guerra a su marido. La conferencia de prensa de su esposa dejó enmudecido a Donald. Apagó el televisor. Y desde allí, sentado enfrente del enorme ventanal, pensó que a pesar de todo, su casa había sido una buena inversión. El aire fresco era una maravilla. Y los barcos a lo lejos. Allá, en el horizonte.

EL CINE DE MEJORAL

C uando la memoria los sorprende como si fuera el recuerdo ardiente de un árbol incendiándose en plena lluvia —árbol tocado y hecho fuego por el rayo nocturno de las afueras—, cuentan los más viejos del pueblo que antaño, allá por los años sesenta, cuando el precio del sol o las legumbres todavía se medía en reales o centavos, aquellos días se convertían en noches memorables y sus incidentes eran evocados incluso meses más tarde con el mismo fervor que cuando se produjeron. Nadie podía olvidar nada, todos estaban condenados a recordar para siempre el asombro y el deslumbramiento que causaba el cine mudo, el cine al aire libre.

Otros, los más prudentes de la región, comparaban el ánimo colectivo que imperaba en aquellos días con las fiestas de Corpus Christi; con las vísperas de fiestas patrias y sus bombardas nocturnas en medio de las retretas dominicales; o con el espectáculo inusual de los paracaidistas descendiendo por primera vez en el único rectángulo deportivo de la localidad, o con el ingreso a la ciudad de interminables caravanas de vehículos contratados por los partidos políticos para sus mítines presidenciales. Pero de ninguna manera esas ocasiones eran comparables con aquellos días que permitían la presencia masiva de todo un pueblo acudiendo a encontrarse con las extrañas fantasías de otros seres, creaturas de la nada cuya existencia ignoraban por completo.

Dicen que desde las comarcas más próximas, los que vivían en los alrededores, en las lomas de los cerros circundantes, avanzaban festivos entre los linderos de los prósperos y siempre ajenos fundos y chacras del valle, bajaban organizados en grupos numerosos conformados por todos los integrantes de la familia. El viaje demandaba muchas veces caminar dos o tres horas a pie y era emprendido apresuradamente antes que caiga la noche y dificulte el avance, o una lluvia sorpresiva detenga el impulso y obligue al retorno. Los campesinos bajaban entonces a la ciudad abandonando sus precarias chozas de carrizo y barro, después de abonar las sementeras de la temporada y cuando los canales de regadío, abiertos por las noches, una y otra vez cruzaban las tierras sedientas en las lomas más altas. Llevando el lamparín de queroseno entre las manos callosas de los hombres maduros, las familias campesinas de la comarca ingresaban silenciosas por los barrios periféricos de la localidad, miraban en su trayecto hacia el centro de la ciudad las paredes altas de adobe, los balcones de madera con sus maceteros de geranios. Y las luces mortecinas del alumbrado público recién encendidas eran señales suficientes para entender que habían llegado en el momento oportuno. La fiesta todavía no empezaba.

Los que por entonces éramos niños y vivíamos en la ciudad, acudíamos en grupo de amigos y otros iban del brazo de sus mayores. Mientras avanzábamos por una de las calles que conducen a la Plaza de Armas, veíamos por la misma avenida un flujo inusual de transeúntes acudiendo presurosos y en desorden a la cita vespertina con la magia: espléndidas mujeres campesinas con sus oscuros pañolones protegiéndolas del frío crepuscular, hombres y jóvenes con gruesos abrigos, y algunos con la bufanda al viento, consultaban de vez en cuando el color ensombrecido del horizonte para prever la precipitación inesperada de una lluvia molestosa.

Todos los que nos desplazábamos por las principales arterias que comunican los extramuros con el centro de la ciudad, sabíamos que esa noche asistiríamos deslumbrados al espectáculo prodigioso de la imagen en movimiento. Desde una de las esquinas de la plaza podía distinguirse la enorme multitud de lugareños que aguardaba con ansia el inicio de la ceremonia nocturna del asombro, esperaban impacientes que se abra la ventana prodigiosa de la fantasía desbocada.

En efecto, estampados sobre uno de los blancos muros del convento de San Francisco, minutos más tarde, las imágenes en blanco y negro de Buster Keaton propiciaban las carcajadas más tiernas y multitudinarias que nadie jamás había experimentado. Y en la mitad de la función al aire libre, cuando menos uno lo esperaba, desde la cabina de proyección instalada encima de una camioneta, una voz anónima, la misma que nos convocara horas antes alborotando la calma ciudadana con el timbre metálico del altavoz, anunciaba, entre gritos de protesta y varazos de la policía, que la función continuaría al día siguiente, siempre y cuando recordemos que para el dolor de cabeza, damas y caballeros, mejor mejora mejoral.

COMAS, LA TIERRA DE LA SED
Y LA MUERTE

Los destartalados ómnibus del servicio urbano aguardan, como viejos animales exhaustos, en una de las calles adyacentes a la avenida Túpac Amaru y poco a poco, conforme van llegando los ocupantes, encienden los motores cansados de rugir y, más tarde, inician el ascenso hacia los barrios altos de Comas evitando pendientes pronunciadas, sin alejarse de las huellas del camino transitado por la costumbre, dejando a sus pasajeros en cada esquina hasta llegar, media hora después, a las últimas calles de la cima más alta del cerro.

En el trayecto, los viajeros miran aburridos a través de las ventanas a grupos dispersos de niños corriendo detrás de una cometa, mujeres sentadas en las puertas de sus casas peinando largas cabelleras de sus hijas adormecidas por el sol de la tarde, lavanderas de ropas de colores remendando telas que han pertenecido a todos los hijos de la familia, perros vagabundos olfateando montículos de basura, postes sin redes eléctricas, zanjas abiertas en la tierra como tajos profundos en peleas nocturnas, humildes viviendas edificadas decenas de años atrás con caprichosas formas arquitectónicas que aún hoy recuerdan a sus actuales propietarios las noches oscuras de la invasión masiva, a fines de la década del cincuenta.

En ese entonces nadie podía imaginar que era posible construir una vida colectiva en medio del arenal, en las faldas de los cerros pelados donde sólo crecen arbustos que viven del aire, vegetales que desconocen la humedad de la tierra. Pero hoy, quienes recuerdan de aquellos años el paisaje desértico diluido en las primeras nieblas del alba, no pueden olvidar todavía las voces lejanas entre las sombras, los cuerpos calientes acurrucados entre las pieles de carnero, las reuniones de las asambleas nocturnas, los gritos de las criaturas, las brasas encendidas del fogón, las manos callosas de los más diestros cavando presurosos las vigas maestras, los travesaños para ceñir las esteras agitadas por el viento que baja entre las lomas del desierto haciendo silbar a las piedras y a las plantas:

"A nosotros nos avisaron nuestros familiares. En mi pueblo vivíamos una situación difícil. Trabajábamos día y noche en las chacras y después de una sequía no hubo prácticamente qué comer. Mejor nos vamos lejos para conseguir trabajo, dijimos, donde nadie sepa de nuestras vidas...

Con mi esposo vinimos en tren desde Huancayo, con dos de nuestros hijos. Nos alojamos en Lima en la casa de un familiar, un día nomás. Al segundo día estuvimos acá donde usted nos ve, en todo este polvo, en toda la tierra. Pura roca era, daba miedo venir en las noches. Los familiares sabían que aquí había invasión, pero nosotros llegamos tarde. Había sitios por abajo pero nos dijeron que no, que ya estaban reservados. Por eso tuvimos que buscar lote aquí arriba. Todo era roca nomás, piedra pura. No había caminos, nada. Había que botar día y noche la piedra, planificar.

Aquí teníamos la chocita, aquí donde está el vecino. Pero mientras estábamos en Lima nos invadieron y botaron la choza. Al regresar ya estaban otras personas ocupando nuestro lote. Entonces hemos tenido que venir a este sitio donde estamos viviendo por tantos años que ya ni me acuerdo cuántos."

Primera versión del agua

A las tres de la tarde desciende por la quebrada del cementerio un viento arenoso, una polvareda gris que lame el suelo reseco de las calles y golpea con su rumor de tierra en el aire las esteras y las calaminas, ingresa a las habitaciones —algunas de ellas desoladas— a través de los múltiples resquicios de las construcciones precarias y remueve papeles y plásticos, amarillentas fotografías de periódicos, inútiles calendarios de otros tiempos, dejando en las superficies que encuentra las huellas polvorientas de su presencia ruidosa.

Desde la explanada conformada por el vértice de las últimas manzanas del vecindario puede contemplarse al pie de la colina y cercado por los cerros vecinos, un conglomerado de casas y avenidas que se articula con una de las arterias del extremo norte de la capital: desde allí, Lima es un lagarto dormido cuyo vientre rugoso y maloliente todos conocen y la recorren de vez en cuando como una ciudadela ajena e indiferente, para muchos plasmación de ensueños distorsionados por los medios de comunicación, objeto de inalcanzables deseos y, generalmente, fuente de muy pocos trabajos, siempre mal remunerados.

En el ángulo opuesto a la visión de una ciudad desteñida por la bruma permanente de sus alrededores, se alza el camino pedregoso hacia el cementerio, las cumbres empinadas de la colina en cuyas faldas más de sesenta mil personas padecen los rigores de la geografía y la ausencia total de los servicios públicos más elementales: el agua, por ejemplo.

En ese sector de Comas, denominado La Balanza, todos los pobladores están obligados a proveerse de agua una vez a la semana mediante camiones cisterna que abastecen irregularmente a la población, imponiendo el pago de doscientos soles por cilindro.

"Acá el agua es muy escasa. Cuando uno la necesita, hay que ir hasta el sitio donde ellos la sacan. Hay que rogarles, suplicarles. Ellos ni tienen precio fijo. Nosotros consumimos dos cilindros

diarios de agua. Han habido épocas que hemos pagado dos mil trescientos soles semanales y como uno necesita el agua, tiene que pagarles calladita. ¿Cómo pueden cobrar tanto?, me pregunto. Usted sabe que el agua es necesaria para todo, sobre todo teniendo ocho criaturas que parecen patos. En las mañanas, cuando se levantan, me piden el agua para asearse, después les gusta bañarse aunque con poquita agua, pero ahí están metidos...

Tantos años viviendo aquí y todo este tiempo sufriendo, no tenemos ni luz ni agua. Es un problema desesperante, sobre todo en verano. Dicen que más arriba, por el cerro, muchos niños se han muerto por falta de agua, otros se meten a bañarse en ese pozo que es el reservorio y según algunos vecinos, allí es donde contraen las enfermedades..."

A lo lejos, casi bordeando la cima de la colina, un grupo compacto de quince o más personas avanzan lentamente como si arrastraran una procesión penosa, como si no quisieran llegar hasta el lugar al cual se acercan entonando salmos y canciones. *Ya ve usted,* me diría más tarde el sepulturero, *aquí son los niños los que se mueren primero. Lo que usted vio hace un rato por el cerro era el cortejo que viene a enterrar a una de las criaturas. Hoy se mueren más los niños que los viejos, ¿no lo sabía?*

Señor ministro de Salud: ¿qué hacer?

No lo sabíamos, don Virgilio. No lo sabíamos. Hombre de gestos apacibles, rostro cetrino visitado por las arrugas de la vejez temprana, lleva en la cabeza un sombrero de paja maltratado por el sol y se desempeña, cuando las circunstancias lo demandan, como sepulturero del cementerio de Comas. Por ello, usted tiene derecho a la furia y también a la palabra: *últimamente, de cada diez personas que mueren por aquí, más de la mitad son niños menores de cinco años*, nos cuenta. *Hoy día, por ejemplo, se entierran dos, aquí están sus boletas de la municipalidad. Mire usted, una se llama Angélica Ledesma, de tres meses, y la otra criaturita es Giovanna Vera Vílchez, de cuatro meses de nacida. Todos los días es lo mismo. Nuestra niñez se está muriendo.*

Virgilio Lazo una época también estuvo a punto de morirse. Trabajando día y noche en preparar el terreno que semanas antes habían escogido —en las inmediaciones de la quebrada porque ya no quedaban lotes desocupados en la parte baja de la invasión—, sufrió una fuerte afección al hígado, que lo tuvo postrado muchos meses. *Todo esto era roca pura, piedra nomás*, recuerda su esposa, Paulina Zanabria, con quien tuvo cinco hijos, dos de los cuales murieron en los años iniciales de la invasión por falta de atención médica oportuna. *La posta médica quedaba lejísimos*, había que cruzar los cerros, y muchas veces los hijos de los pobladores se morían en los brazos de sus padres, a la mitad del camino. *Apurando el paso nos íbamos, tropezando con las piedras en la oscuridad, con nuestro hijo bien abrigadito entre los brazos.*

Paulina y Virgilio llegaron en tren desde Huancayo, un viaje que duró más de ocho horas. Recuerdan el tumulto apretado de los cuerpos colmando el vagón de segunda y a través de la ventana contemplaban por última vez los campos sembrados de trigo huyendo ante sus ojos, el aroma de los eucaliptos y la visión estallada en pedazos de las retamas en flor. Los dos pasajeros creyeron que en ese viaje dejaban atrás para siempre las sequías continuas y las terribles épocas del hambre. *Mi marido casi se muere, le digo. Ya no podía hacer fuerza ni comer, nada. El hombre iba secándose, ya no podía trabajar. Con el favor de Dios, un amigo conocía un curandero que sacaba los males de la gente. Yo tenía listo mis papeles para que me operen en un hospital,* interrumpe don Virgilio, *pero no teníamos plata para la operación. Apenas comía un poquitito y al rato lo arrojaba, le digo. Mi esposo no consentía en el estómago nada. Yo lo que hacía era llorar. Me regreso a mi tierra, me decía. ¿Cómo te vas a regresar para quedarme solita? No llore señora, me dijo el amigo. Yo voy a llevar a su esposo a un curandero que conozco en Vitarte. Con un huevo de gallina, me acuerdo, limpiaron todo su cuerpo, el curandero sobaba y sobaba la parte que le dolía, le hacía masajes al estómago y después lo fajaba. A los ocho días el hombre reaccionó, y parece mentira, le digo, pero un mes después, totalmente recuperado, se fue a buscar trabajo y en unos días estaba saliendo para la montaña, como ayudante de chofer. Por eso yo no tengo fe en los doctores. Yo no conozco doctor.*

—*Ese es el entierro que usted vio hace un rato por el cerro*—, vuelve a interrumpir don Virgilio, señalando una de las esquinas del barrio.

Un silencioso cortejo familiar avanza lentamente hacia la quebrada que conduce al cementerio. Envueltos en una nube de polvo, silencian a su paso ladridos lejanos, con su presencia paralizan por un momento el juego despreocupado de los niños en las laderas de la colina, algunas puertas se abren, hay rostros que se santiguan. Uno de los acompañantes lleva sobre sus hombros un féretro pequeño, pintado de blanco. Los otros integrantes del cortejo, en su mayoría niños, llevan en sus manos coronas de flores silvestres y una cruz de madera. Al llegar hasta la casa del guardián resuelven trámites rápidamente y avanzan sin apresurarse hasta el lugar donde el viejo Lucas, con sus ochenta años a cuestas y rezador de oficio, entona tristes letanías con su boca desdentada mientras que, con una margarita marchita, esparce sobre la superficie pulida de los ataúdes pequeñas gotas de agua bendita que desaparecerán más tarde devoradas por la tierra sedienta. *Murió deshidratada,* nos dice su padre. El cielo es intensamente amarillo en ese momento y el sol detrás de la bruma incendia tristemente la tarde.

El día del diluvio universal

"A eso de la medianoche escuché un estruendo como de rayo, parecía que había fiesta encima de las calaminas, sonaban como si hubiera gente bailando. Yo estaba en ese momento pelando unas gallinas negras que criaba en el corral desde hacía meses porque íbamos a celebrar el bautizo de uno de mis nietos, el hijo menor de mi Rosaura, la última de mis hijas. Me acuerdo que tenía a una gallina del pescuezo y por más agua hervida que le derramaba, su piel más dura se ponía, haciéndome padecer para despellejarla. Mis manos estaban rojas e hinchadas de tanto pelar. Qué será, he dicho para mis adentros. Lluvia no puede ser, porque aquí en Lima nunca llueve, garúa nomás cae, gotitas que no sirven ni para limpiar las plantas. Mi marido creo que estaba jugueteando con el Negro, nuestro perro. ¿Has escuchado?, le dije, es como si el cielo entero se estuviera cayendo en pedacitos. Ramiro no me escuchaba, dale y dale con el perro. Han de ser los ladridos del animal, por eso no me escucha, pensé. Ahí nomás he dejado la gallina a medio pelar y he salido a la puerta a ver qué pasaba, por qué tanto alboroto. Tenía puesto un delantal verde, me acuerdo clarito, con bolsillos grandes donde estaban mis llaves y un ovillo chico de lana que siempre tengo, para hilar en mis momentos libres. Después de quitar la tranca que ponemos todas las noches, no vaya a ser que entren los ladrones, abrí la puerta y vi afuera una lluvia torrencial, tupida, que me asustó mucho porque ni siquiera en mi pueblo caía así el agua, como si fuera diluvio. Chorros parecían. Salte a ver el agua, le dije a mi marido, pero él ya no estaba. Nadie estaba en el cuarto, sólo nuestras cositas habían.

¡Vecina, vecina! ¡Traiga rápido sus baldes!, escuché que me gritaba desde la calle doña Antuca, ¡pero apúrese que el agua se acaba! Entonces no sé cómo, pero yo me he visto ahí, en medio de toda la gente, recibiendo el agua de la lluvia. Estábamos empapados, locos parecíamos todos, los más contentos eran los chiquitos que también nos ayudaban a recoger la lluvia. Pero era raro, le digo. El cielo estaba claro con bastantes estrellas y los sapos empezaron a cantar. No puede ser, he pensado, no puede ser, pero era cierto: llovía como nunca. En eso, cuando estábamos ocupados acarreando agua, hemos escuchado que otra vecina gritaba: ¡el cerro se desploma, el cerro se desploma! Desde las alturas venía cayendo una masa negra de lodo y piedras, arrastrando enseres, plantas y animales. Seguro que el huaico se trae los huesos del cementerio, he pensado y he corrido a mi casa a sacar mis cosas y a buscar a mis hijos y a mi marido. ¡Mis hijos, mis hijos, dónde están mis hijos! he gritado como loca, corriendo de un lado a otro. Al no encontrarlos me he puesto a llorar y así me he despertado. Como llorando, le digo."

MAFIA, TU NOMBRE ESCRIBO

*"Las cigarras han comenzado a salir
esta semana de la tierra, invadiendo
Washington y los estados del este..."*

The Washington Post, 5/12/2004

Los primeros indicios de su existencia
aparecieron tímidamente en las páginas
interiores de los diarios y poco a poco,
aprovechando el letargo de los ciudadanos,
después de un invierno crudo que dejó atrás rastros de
huracanes y una que otra tormenta tropical, empezó
silenciosamente a ganar pequeños titulares en las
secciones locales, hasta llegar a ocupar con cierta
timidez las primeras planas de los diarios grandes de
la capital. Más tarde estaba en las marquesinas de
todos los programas de televisión. Todo espacio
periodístico, incluso los más serios, aquellos que
resistieron sus embates por años, tuvieron que verse
obligados a dar cuenta de esa invasión silenciosa.
Desde entonces, su fisonomía todavía se empeña en
permanecer colgada en los intersticios de la actualidad
como si se tratase de un evento interminable, capaz de
arrasar con todo sentimiento de mudanza o al menos
de quietud. "Ha llegado para quedarse", dicen ahora
los entendidos. "Parece que será parte del paisaje
perpetuo", comentan los alarmistas. Es cierto que muy
pocos sabían de un clandestino plan de incubamiento
que duró meses, aunque los expertos aseguran que se
trata más bien de una estrategia de supervivencia
labrada en muchos años, huyendo de cualquier
notoriedad, sin llamar la atención de nadie, evitando
al máximo que su presencia sea descubierta o apenas
tomada en cuenta. Y una vez que salió a la superficie,
después de permanecer largo tiempo bajo tierra,

después que le brotaron la caparazón y las alas suficientes para intentar el vuelo, asomó tímidamente sus antenas, olfateó el aire, midió la temperatura con su lengua viperina y probó una y otra vez, primero con pequeñas maniobras de exploración y tanteo de la situación realmente existente, hasta quedar convencido de que por fin había llegado la hora de actuar. Cuando estuvo seguro de sí mismo, extendió las patas peludas al máximo y con movimientos apenas perceptibles empezó a desprenderse de la tierra que lo cubría, avanzaba a tientas hacia la luz de la superficie, empujaba con las patas traseras la aridez del terreno buscando apoyo para impulsar su empeño hacia el fulgor del exterior, lejos de la oscuridad y el anonimato de las catacumbas donde siempre encontró un manto de calidez que lo envolvía protegiendo su lenta madurez, una concha de tierra y baba que le daba nutrientes y lo preparaba para el asalto final, soñaba con estar otra vez en las afueras, dueño del mundo por segunda vez. Los últimos aletazos le permitieron desprenderse de todo signo de pertenencia al mundo de más abajo, agudizó la vista, miró con sus ojos enrojecidos el panorama, descubrió los colores vibrantes de esa mañana desconocida y al final, intentó el vuelo hacia el árbol más cercano, sintió el aire y el zumbido de sus alas, y cuando por fin se hizo el silencio, se posó en las hojas de los árboles más tiernos, recién verdes, vegetales, nervio puro. A esa hora los periodistas de la radio lo único que hacían era hablar de su presencia. Ya era primera plana de todos los periódicos y su imagen invadía las secciones especializadas con sesudos artículos que trataban de explicar esa súbita existencia, los panelistas de las radios matutinas se engolosinaban con su nombre, y tratando de explicar su verdadera naturaleza, en los labios leporinos de los entendidos las vocales se confundían a menudo con las consonantes y algunas veces se escapaba de alguna cavidad bucal un chorrito de saliva imperceptible, como si su nombre espantara a todas las dicciones. Tan pronto culminó su primer vuelo hacia el tronco más cercano, la cigarra descubrió que lo único que había engendrado era un ruido permanente, a nadie le importaba su presencia alada ni mucho menos que formase parte de una plaga dispuesta a estremecer los cimientos, capaz de devorarse todo el follaje, eliminando el verde o la esperanza sobre la faz de la tierra. El ruido era insoportable. "No lo soporto" decían los más débiles. Y otros, los más audaces, parloteaban entre las sombras con la ilusión de transformar sus voces anquilosadas en los tímpanos vibrantes del mañana. Pero el ruido de las cigarras seguía allí, mientras devoraban los primeros brotes de la primavera. Y cuando todo el daño estuvo hecho, el esplendor de las ramas más tiernas desapareció por completo y dejó un rastro de paisajes maltratados, un horizonte borroso de hojas maltrechas y deformes. Otra vez los entendidos dicen que su presencia durará muy poco. Que apenas tiene vida para una semana más. Pero lo cierto es que todos saben que la plaga de las cigarras volverá otra vez y emergerá de nuevo a la superficie, buscando crear ese ruido taladrante que a muchos nos quita el sueño y nos llena el futuro de incertidumbres. Allí están, escarbando la tierra con sus patas, volviendo a desprenderse de sus inútiles caparazones, buscando nuevos resquicios para depositar sus huevos, sembrando otra vez la duda y las sospechas. Ya no hay tiempo para el sosiego. Ni siquiera para sembrar otros arbustos.

**Para comunicarse con el autor
o para obtener información sobre
Ediciones Alta Mar, debe enviar su
mensaje a edicionesaltamar@live.com.**

www.ingramcontent.com/pod-product-compliance
Lightning Source LLC
Chambersburg PA
CBHW060618290526
45793CB00001B/73